# Die Jungs und ich

ILONA EINWOHLT

# Die Jungs und ich

ILONA EINWOHLT

Arena

FÜR M., DEN BESTEN JUNGEN DER WELT!

2. Auflage 2011

© 2010 Arena Verlag GmbH, Würzburg

Alle Rechte vorbehalten

Gesamtgestaltung und Innenillustrationen:

knaus. büro für konzeptionelle und visuelle identitäten, Würzburg

Einbandillustration: Constanze Guhr

Gesamtherstellung: Westermann Druck Zwickau GmbH

ISBN 978-3-401-06465-9


www.arena-verlag.de

Mitreden unter forum.arena-verlag.de

# Inhalt

# Stockfisch an der Angel

„Das Beste an Jungs ist, dass sie im Stehen pinkeln können", findet Leon, mein kleiner Bruder. Klar, in dem Alter finden es noch alle süß, wenn er an den Gartenzaun pullert. Und natürlich bin ich bei jeder längeren Autofahrt neidisch, wenn er sich irgendwo im Nirgendwo einfach an den nächstbesten Baum stellen kann, während ich eine der siffigen Toiletten aufsuchen muss – oder meilenweit durchs Gebüsch staksen darf, um eine geeignete Stelle zu finden.

Meine Freundin Julia kann sich über dieses „letzte Ritual der Männlichkeit", wie sie es nennt, stundenlang aufregen, in Sachen Hygiene ist sie sehr pingelig. „Überall diese Pinkelflecken, das ist eklig", beschwert sie sich immer. „Als ob die sich nicht wie vernünftige Menschen setzen könnten." Ich mag trotzdem nicht glauben, dass die peinlichen Hinweisschilder auf Püttners Gästetoilette ihre Idee waren, die hat garantiert ihre Mutter dorthin gehängt. Meine sieht dieses Thema relativ entspannt, zumal Leon es schafft, selbst im Sitzen durch die Klobrille hindurchzupinkeln ... Aber es kommt durchaus vor, dass sie Leon (und auch Papa) einfach den WC-Reiniger samt Wischlappen in die Hand drückt. Ich finde, das sagt mehr als stundenlange Predigten.

Freies Pinkeln für alle!
Solange das Klo hinterher wieder ordentlich ist ...

Ziemlich nervig finde ich allerdings, wenn unsere Jungs auf Klassenfahrten sprichwörtlich den Larry heraushängen lassen und grüppchenweise am Straßenrand stehen. Oder wenn sie heimlich das Lagerfeuer auspinkeln, das die Herbergseltern liebevoll entfacht haben. Yannis, Marco, Juri & Co. fanden das superwitzig, aber Sebastian hat sich dabei eine leichte Rauchvergiftung eingefangen – recht geschieht ihm! Das hat nämlich hinterher nicht nur bestialisch gestunken, sondern uns anderen gehörig die Laune verdorben.

„Das Beste an Jungs ist, dass ihr so klein und niedlich seid", hat Oma Doris erst letzten Sonntag wieder gemeint und Leon zärtlich an ihren großmütterlichen Busen gezogen. „Jetzt wollen sie noch kuscheln und Schokolade naschen, mit einem spielen und vorgelesen bekommen. Aber später?" Sie hat dem kleinen Stinker drei Kekse verfüttert, jeder weiß, dass Leon bestechlich ist. Und ich habe mich gefragt, warum Mütter und Omas nicht mit ihren großen Jungs kuscheln. Wollen sie nicht oder wollen etwa die nicht?

> Spätestens in der Pubertät gehen Jungs – wie Mädchen im Übrigen auch – auf körperliche Distanz zu ihrer Mutter. Weil sie erwachsen werden und sich abnabeln, ein normaler Prozess.

Wäre ja auch uncool, mit 16 noch bei Mama auf dem Schoß zu sitzen!

Die hammergeilste Bemerkung zum Thema Jungs kommt allerdings mal wieder von Jolina: „Das Beste an Jungs ist ihr Schwanz!", hat sie heute Morgen in der Schule gesagt. – Also echt, wie peinlich, so ein Satz kann doch nur von ihr stammen, oder? Und das traut die sich nur, weil derzeit alle Welt äußerst freizügig mit solchen Wörtern umgeht und du von Bitterfotze bis Feuchtgebiete über alles reden kannst. Aber ich, Sina Rosenmüller mit den großen Füßen und seit Neustem mit dem süßesten Jungen der Welt zusammen, halte das für einen oberdämlichen Ausspruch, denn ich finde ihn

1. geschmacklos und vulgär. (Wer sagt denn schon Schwanz in aller Öffentlichkeit?!)
2. eindimensional und dumm. (Das würde ja bedeuten, dass Jungs außer ihrem besten Stück nichts zu bieten hätten!)

3. diskriminierend und benachteiligend. (Weil er Jungs auf ihr
   Fortpflanzungsorgan reduziert und die Frage offen lässt, was
   wohl das Beste an Mädchen ist?!)

Vor Empörung ist mir vorhin in der Pause glatt die Spucke weg-
geblieben und ich wusste erst mal gar nicht, was ich sagen sollte.
Meine Freundin Julia, die total in ihren Nicolas verliebt ist, hat
albern gekichert und meine exbeste Freundin Kleo ist knallrot
angelaufen. Nur Milli hat cool geantwortet: „Du musst es ja wissen!", und damit auf die ach so tollen Erfahrungen angespielt,
die Jolina durch ihre zahlreichen Jungsgeschichten inzwischen
gesammelt hat. Jolina ist nämlich ein Jahr älter als wir und
lässt uns Mädchen gerne wissen, dass wir in Sachen Jungs,
Küssen und Knutschen noch lange nicht mitreden können.
Dabei haben wir alle – außer Kleo – einen Freund: Milli geht
seit einem halben Jahr mit Marco, die beiden hängen ständig
zusammen – wie diese unzertrennlichen Vögel. Ich bin mir sicher, in Sachen Knutschen macht Jolina Milli und Marco so
schnell nichts vor, denn die beiden nutzen jede Gelegenheit,
irgendwo heimlich zu küssen. Von Milli weiß ich, dass die Initiative meistens von Marco ausgeht, weil er auf ihre „Zünge-
leien" steht.

Ehrlich gesagt rede ich mit meiner Freundin über vieles.
Aber wie genau sich Marcos Zungenspitze anfühlt und wo
überall die beiden rumkuscheln, interessiert mich gigagar nicht.

Julia ist mit Nicolas zusammen – ha, aber nicht mehr lange.
Okay, das sage ich als Fräulein Fies, aber Nicolas geht im Sommer mit seinen Eltern wieder zurück nach Frankreich, da kann

seine Süße mit ihm nicht mehr jeden Tag romantische Dates haben. Nicolas hat das letzte Schuljahr bei uns in der Klasse verbracht und zuerst waren wir alle der Reihe nach in ihn verliebt. Er sieht total süß aus, aber leider, leider – oder zum Glück? – hat er sich von Anfang an mehr für Julia interessiert als für mich. Obwohl ich sonst was veranstaltet und mich teilweise ziemlich dämlich verhalten habe, nur um seine Aufmerksamkeit zu gewinnen. Julia sieht zugegebenermaßen ziemlich gut aus: Mit ihren braunen langen Haaren und ihrer zarten Figur ist sie das typische Girlie-Girl, auf das Jungs abfahren. Und sie hat sich voll von Nicolas' Charme einwickeln lassen – sie will von ihrem Freund vergöttert werden und gleichzeitig mit ihm angeben können. Inzwischen kann ich sein arrogantes Auftreten nicht mehr ab und bin froh, dass nicht ich in seine krankhafte Klammerliebe geraten bin.

Was ICH an Jungs gut finde: Wenn sie ehrlich, verantwortungsbewusst und zuverlässig sind, wenn sie Engagement für eine Sache zeigen und spontan sein können, wenn sie zu ihrer Meinung stehen, wenn sie ihre Gefühle zeigen und über sich reden können, ich mag, wenn sie gut riechen und gepflegt sind. So wie Yannis. Der zudem noch supersüß aussieht.

Juri ist auch okay, der ist vor allem witzig und mit ihm kann ich gut reden, manchmal versteht er mich besser als Yannis.

Marco ist Yannis' bester Kumpel, ein bisschen oberflächlich für meinen Geschmack, aber sonst komme ich gut mit ihm klar.

Sebastian ist ein stylischer Obermacker,
nicht mein Typ, aber sehr nett.
Sieht irre gut aus, muss ich zugeben.

Antonio-Softeis ist ein lieber Kerl. Zu lieb,
wie ich finde, der hat nie eine eigene Meinung.

Dennis ist ein prima Kerl, aber kein Typ zum Verlieben.

Wer prägt deinen Jungsgeschmack: Soll er so cool und smart sein wie in der Werbung? Erfolgreich und gut aussehend wie die Jungs aus der Boygroup? Oder tough und zielstrebig wie dein Vater? Verständnisvoll und großartig wie dein Bruder?

Jedes Mädchen, jede Frau steht auf einen bestimmten Typus Junge bzw. Mann: Ohne es zu merken, scheinst du diesem Prinzip dein Leben lang zu verfallen, immer wieder kommst du mit dem gleichen „Typ" Junge nach Hause. Prägend hierfür sind einschlägige Erfahrungen in deiner Kindheit, je nachdem, wer und wie deine erste große Liebe war.

## Test

Was erwartest du von einem Jungen? Welche Eigenschaften sind besonders wichtig für dich? Und wie siehst du dich dabei?

Kreuze 5 der folgenden Aussagen an, die dir am wichtigsten sind, und schau dann nach, wie oft du welchen Buchstaben angekreuzt hast. Je gemischter, desto offener – und frei von Klischees und falschen Erwartungshaltungen! – bist du.

**A** Mein Freund soll gerne mit mir shoppen und auf Partys gehen.

**B** Mein Freund muss zu mir stehen und mich akzeptieren, wie ich bin.

**D** Ich möchte einen Freund haben, der mich unterstützt und mir zur Seite steht.

**C** Mein Freund sollte cool und selbstbewusst sein.

**B** Mein Freund muss merken, wenn ich mich nicht gut fühle, und auf mich eingehen.

**A** Mein Freund soll durchtrainiert, körperbewusst und sportlich sein.

**C** Ich wünsche mir einen Freund, der weiß, was er will.

**D** Ich fände es großartig, wenn mein Freund größer und älter ist als ich.

**A** Mein Freund sollte ein Faible für Kosmetik haben.

**C** Ich hasse es, wenn mein Freund wie eine Klette an mir hängt.

**B** Mein Freund soll mich bewundern und vergöttern.

**C** Mit seinem Freund auch mal richtig streiten zu können, ist mir wichtig.

**D** Mein Freund sollte für mich sorgen, er darf mich gerne einladen.

**A** Ich möchte einen Freund, der modebewusst ist und sich nicht nur für Computer und Autos interessiert.

**B** Ich warte immer darauf, dass mich ein Junge anspricht und auf mich zugeht – das erwarte ich auch von meinem Freund.

**C** Mein Freund soll sich aus meinen Angelegenheiten raushalten.

**D** Ich brauche jemanden, der stark ist und bei dem ich mich anlehnen kann.

**B** Ich will mit meinem Freund zusammen im Kino bei Liebesfilmen weinen.

**C** Mein Freund möchte bitte meine Meinung respektieren, so wie ich seine respektiere.

**A** Gutes Benehmen ist mir wichtig – mein Freund sollte Stil haben.

**D** Mein Freund soll immer für mich da sein.

*Auswertung:*

**A** Dir sind bei Jungs vor allem Äußerlichkeiten und Statussymbole wichtig. Entsprechend achtest du ebenfalls auf dein Styling und deinen Auftritt. Du denkst: *Wenn ich nicht gut aussehe, werde ich auch nicht anerkannt.* Lass dich nicht auf deine Hülle reduzieren. Und gib dich bei der Auswahl deines Freundes nicht mit einer gut aussehenden Hülle zufrieden. Lerne, dich und andere Menschen wegen ihrer Persönlichkeit zu schätzen. Schau nach, was sich hinter gutem Aussehen verbirgt – und ob sich da etwas verbirgt.

**B** Dein Freund soll dir jeden Wunsch von den Augen ablesen, immer für dich da sein und romantische Geschenke machen. Wie eine Märchenprinzessin wartest du auf seinen Erlöserkuss. Du denkst: *Wenn er mich nicht glücklich macht, kann ich nicht glücklich sein!* Wach auf! Du selbst bist deines Glückes Schmied. Im Hier und Jetzt kannst du nur glücklich sein, wenn du dich aus dieser Abhängigkeit löst.

**C** Du hättest gern einerseits einen Freund, mit dem du schöne Stunden verbringen kannst, aber andererseits darf dir derjenige nicht zu nahe kommen, denn du bist dir selbst am Wichtigsten. Du denkst: *Wenn ich mich gut fühle, habe ich auch eine glückliche Beziehung.* Pass auf, dass dein Verhalten nicht egoistisch wird.

**D** Du suchst einen Aufpasser und Beschützer, jemand, der dir sagt, was du tun sollst, der dir Sicherheit gibt und der dich bedingungslos liebt. Du denkst: *Wenn er mir nicht hilft, weiß ich nicht weiter.* Versuche, eigene Entscheidungen zu treffen und mehr Selbstbewusstsein zu entwickeln. Einen Vater hast du doch schon – suche einen verlässlichen FREUND!

Aber wir als ihre Freundinnen wissen: Julia kann eine oberfiese Zicke sein und sich wer weiß was einbilden auf ihre Klamotten und ihr Styling. Oder liegt es daran, dass sie so gut Französisch spricht? Kein Wunder, hätte ich einen französischen Freund, könnte ich diese Sprache sicher auch besser ... Doch in dieser Hinsicht bin ich ein hoffnungsloser Fall und ich freue mich schon jetzt darauf, wenn ich dieses verhasste Fach, das mir regelmäßig in meinem Zeugnis den Notendurchschnitt ruiniert, in der Oberstufe endlich abwählen kann. Der einzige Junge, der nicht auf Julia steht, ist Yannis – aber der ist auch *mein* Freund, und alles andere wäre ja noch schöner!

Ich kann es selbst noch kaum glauben, aber seit zwei Wochen sind wir ein Paar.

Seit genau 331 Stunden oder 19.860 Minuten oder 1.191.600 Sekunden flattern in meinem Bauch Schmetterlinge, starten Düsenjets und krabbeln Ameisen. Ich bin sooo himmelhochjauchzend gut drauf, das kannst du dir nicht vorstellen. Das ist also dieses berühmte Gefühl „Verliebtsein". Irre!

Gute Freunde und richtige Kumpels sind Yannis und ich ja, seit ich denken kann, weil wir schon immer hier in dieser öden Reihenhaussiedlung in nachbarlicher Eintracht nebeneinanderwohnen. Es hat nur eine Weile gebraucht, bis ich kapiert habe, welche Gefühle (welche wunderbaren, unglaublichen, kribbeligen Gefühle) ich wirklich für Yannis habe. Denn zunächst hatte er mir auf meiner Geburtstagsparty einfach einen oberfetten Knutschfleck verpasst, der wochenlang in regenbogenbunten Farben an meinem Hals schillerte.

Ich war damals tierisch sauer auf ihn, das kannst du mir glauben! Danach hatte Yannis mich komplett ignoriert und so getan, als sei nichts geschehen. Ich habe gekocht vor Wut. Bis er sich dann in der Silvesternacht dafür entschuldigt und ich ihm verziehen hatte. Und seitdem war nichts mehr so, wie es davor einmal war, Yannis schlich ständig in meiner Nähe herum und mein Herz machte urplötzlich Yannis-Hüpfer, sobald ich ihn sah. Ich war total durcheinander und wusste nicht, was ich machen sollte. Es hat noch mal Monate gedauert, bis einer von uns sich getraut hat, den nächsten Schritt zu tun, und wir uns zum ersten Mal geküsst haben. Das war damals auf dem Klassenausflug und sooo romantisch ... Wir warteten im strömenden Regen vor dem Eingang dieser Kunstausstellung auf unsere Lieblingslehrerin Tuszynski, die viel zu spät im rosa Ostfriesennerz angehechtet kam. Yannis und ich waren die Einzigen, die in ihren „superspießigen" (Zitat Julia) Allwetterjacken nicht nass wurden, und haben die ganze Zeit miteinander herumgealbert. Später dann habe ich im allgemeinen Tumult den Anschluss an die Führung verpasst und stand alleine in einem abgedunkelten Ausstellungsraum. Völlig versunken in den Anblick des Bildes vor mir, habe ich nicht gemerkt, dass Yannis plötzlich wie aus dem Nichts neben mir stand – und seinen Arm um mich legte. Und dann ... na ja, du kannst dir schon denken ... das war das Schönste, was ich je erlebt habe, Yannis und ich, ganz alleine, ganz nah, als ob es immer schon so sein sollte, dass wir beide zusammengehören. Seitdem tanze ich auf rosaroten Wolken, ich wusste ja gar nicht, *wie* verliebt ich in Yannis bin.

Wir verbringen jetzt viel Zeit miteinander, vor allem im Schwimmbad, weil das Wetter so geil ist und weil wir dort unbeobachtet von unseren Müttern uns *richtig* küssen können. In Sachen Eigeninitiative ist Yannis ja nicht so der Bringer, aber wenn's ums Küssen geht, Mannomann. So wie neulich, als wir uns bei einer Radtour vor dem Gewitter in Sicherheit bringen mussten und den Nachmittag tropfnass und eng umschlungen in einem Unterstand verbracht haben, während es draußen donnerte und krachte. Es ist toll, mit ihm zusammen zu sein, egal, ob wir jetzt am Main entlangradeln oder Hand in Hand durch die Stadt schlendern, es fühlt sich einfach superprickelig-flatterig-wunderbar an, dass ich einen Freund habe ... Meistens kann ich mit Yannis auch ganz gut reden, er ist der einzige Junge, mit dem ein Gespräch über Pickel und Deos nicht peinlich ist. Das geht natürlich nur, wenn wir alleine sind, im Beisein von seinen Kumpels Marco und Sebastian ist da nicht dran zu denken. Unser aller Maskottchen Juri kann Yannis übrigens gar nicht ab, er reagiert sogar manchmal mit echt gemeinen Sprüchen auf ihn. Jede Wette ist Yannis tierisch eifersüchtig auf Juri, weil wir Mädels so oft mit ihm abhängen und rumkuscheln und er uns sogar seine Antworten zu diesem Jungs-Fragebogen aus der GirlGirl hat lesen lassen. Im Gegensatz zu Yannis, der ein riesiges Staatsgeheimnis daraus gemacht hat. Wenn du Glück hast, darfst DU seine Antworten später noch lesen, ICH, Sina Rosenmüller mit den großen Füßen und seit Neustem seine Freundin, ganz bestimmt nicht. Und trotzdem: Wenn er seine Eifersuchtsanfälle bekommt, ist er auf seine Weise wirklich süß.

Juri dagegen ist ein total entspannter Typ, ich hab ihn wirklich sehr gerne, das macht immer Spaß mit ihm. Wenn wir Juri nicht hätten, wüssten wir nicht, wieso jeder Junge das Rasieren üben muss, heimlich auf unsere Brüste schielt und eine Klopapierrolle unterm Bett stehen hat … Bei Juri weißt du immer, woran du bist, Juri sagt, wenn er traurig ist oder schlechte Laune hat. Dann lass ich ihn einfach in Ruhe, bis er darüber reden will oder sich wieder beruhigt hat, ich weiß ja, was Sache ist und dass es nichts mit mir zu tun hat.

Yannis kann über seine Gefühle nämlich nicht besonders gut sprechen, er ist in dieser Hinsicht eher der coole Typ (oder müsste man sagen „schüchterne Typ"?), der erwartet, dass ihm seine Gefühle von den Augen abgelesen werden. Was natürlich nicht immer funktioniert. Und manche Dinge möchte ich nicht von den Augen ablesen, sondern die möchte ich einfach hören. Ein „Hab dich lieb" zum Beispiel oder „Mag dich ganz doll" – gerne leise ins Ohr geflüstert. Nicolas ist scheinbar ein Meister im Säuseln von Liebesbeweisen, wie Julia es ständig herumerzählt. Ich gebe zu, das macht mich ganz schön eifersüchtig, denn Liebesschwüre würde ich auch gerne mal hören.

Selbst vorhin, als ich drüben war und mich extra auf seinen Schoß gesetzt habe, um ihn zu fragen, was wir heute noch so machen, hat Yannis nur schwach mit den Achseln gezuckt und ständig zu seiner Spielkonsole gelunst. Ich habe versucht, mir meine Enttäuschung nicht anmerken zu lassen, und bin ziemlich bald gegangen. Wahrscheinlich wäre es besser gewesen, ich hätte gesagt, was ich von ihm erwarte. Muss mir wohl selbst vorwerfen, manchmal auch zu cool zu sein.

Immer sollen wir Mädels die Kommunikationsprofis sein und die Kerle aus der Reserve locken! Können die nicht auch mal diesbezüglich in Aktion treten, bitte schön?!

Es gibt keine wirklich befriedigende Erklärung dafür, warum manche Jungen und Männer nicht besonders gut über ihre Gefühle sprechen können. Liegt es an ihren Genen, ihrer Sozialisation, ihrer Mutter, an ihrer Gehirnstruktur, an ihrem Vater, der seine Gefühle auch nicht zeigt? Letztendlich musst du das auch nicht verstehen, sondern einfach (!) nur akzeptieren können. Verglichen mit der Vätergeneration reflektieren sich die meisten Jungs heute ganz gut und können inzwischen über ihre Gefühle sprechen, aber anders als Mädchen tun sie das nicht ständig und mit jedem.

Wenn du jedoch mit einem Stummfisch verbandelt bist, prüfe ehrlich, ob es dir reicht, wie er mit dir, deinen und seinen Gefühlen umgeht. Es ist jedoch in keinem Fall eine Lösung, bei ihm ständig HDL-Worte quengelnd einzufordern oder ihm dauernd etwas in die Ohren zu säuseln. Besser wäre es, in einem ernsthaften Gespräch dein Bedürfnis nach Liebesbeweisen zu formulieren und ihm zu sagen, wie wichtig es dir ist, von ihm auch mal zu hören, dass er dich mag. Manchmal sind Jungs einfach nur schüchtern und haben Angst, das Falsche zu tun.

Denn heute vor exakt 14 Tagen haben Yannis und ich uns zum ersten Mal geküsst. Das kann er doch unmöglich vergessen haben! Wäre doch *die* Gelegenheit für eine kleine Aufmerksamkeit! Von Milli weiß ich, dass Marco ihr einmal im Monat zum Kennlerntag eine rote Rose schenkt. Oder meint Yannis vielleicht, der zarte Kuss seinerzeit im Museum zählt nicht, sondern erst der „richtige" ein paar Tage später im Schwimmbad, von dem ich total wund gescheuerte Lippen hatte? Oder der romantische Kuss in der Hollywoodschaukel letzten Samstag auf dem Sommerfest, das unsere Klasse in Dietrichs Garten veranstaltet hat. Den ganzen Abend über haben Yannis und ich dort verbracht ...

Die Gedanken daran stimmen mich wieder milder. Und doch lümmle ich etwas enttäuscht im Liegestuhl auf unserer Terrasse und grüble. Seit wann sind wir richtig zusammen? Einen Kennlerntag kann es ja bei uns nicht geben, wo wir doch seit immer nebeneinanderwohnen. Also muss der Tag unseres ersten Kusses gefeiert werden, und das wäre heute. Aber was soll ich machen? Rübergehen und ihn zur Rede stellen? Weiterhin vor mich hin schmollen? Nee, das ist beides nicht meine Art.

Da muss ich wohl Jungsforscherin werden und herausfinden, warum Jungs so sind, wie sie sind. Und was wirklich das Beste an ihnen ist ...

Ich schiele heimlich rüber zu Dietrichs Grundstück, wo Stefanie, Yannis' Mutter, gerade dabei ist, die verwelkten Blüten ihrer üppigen Rosenbüsche abzuzwicken. Yannis' Jalousie ist heruntergelassen, offensichtlich stört ihn die strahlende Sonne beim Playstation-Daddeln. Seufzend rekele ich mich wieder zurecht. Der Schwanz, das beste Stück, dass ich nicht lache! Mir fallen tausend Gründe ein, was ich an Yannis klasse finde. Und was nicht. Soweit ich Yannis kenne, und ich kenne ihn ziemlich gut, interessiert ihn aktuell außer seiner Spielkonsole und mir herzlich wenig. Na ja, seine Fantasy-Schmöker vielleicht noch, aber in letzter Zeit liest er nicht mehr viel. Zumindest hatte er keine Lust auf eine gemeinsame Lümmel-Lesestunde hier auf unserer Terrasse – ihm reichte es, dass wir uns später bei Antonio im Eiscafé sehen. Dort sind wir mit den anderen verabredet.

Aktuelle Forschungsergebnisse zeigen, dass Mädchen deutlich mehr Freude am Lesen haben als Jungs – nur 20 % der Jungs lesen freiwillig und regelmäßig. Schaut man genau hin, zeigt sich, dass Jungs sehr wohl lesen, aber eben keine Romane, keine Problemliteratur oder Ratgeber. Sie interessieren sich nicht für Pferde, Familienkram und Gefühlsduseleien, sondern für Sachbücher, echte Helden, Abenteuer und Krimis, in denen es zur Sache geht: Action statt innere Monologe, Spannung statt Probleme. Oder eben Fach- und Sachliteratur. Außerdem: Jungs lesen schon gar nicht das, was (meistens weibliche) Lehrer ihnen auftragen.

Das hat auch etwas mit ihrem Sprachverhalten zu tun – Jungen sprechen eine andere Sprache als Mädchen: Sie meinen immer, was sie sagen – wenn sie etwas sagen. Und: Sie handeln lieber, anstatt ewig viele Worte zu verlieren. Wenn ein Mädchen zum Beispiel sagt: „Mir ist kalt", meint sie: „Ich will mit dir kuscheln." Wenn ein Junge aber sagt: „Mir ist kalt", meint er: „Ich hole mir lieber eine Jacke."

Wenn der sich ausgespielt hat, kommt er bestimmt rüber, denke ich halb trotzig, halb verständnisvoll. Und: Ich bin doch nicht auf ihn angewiesen! Ich bin doch kein Weibchen, das in der Warteschleife herumgammelt, um abzuwarten, wann der Herr mal Zeit hat. Wenn Yannis heute seinem Hobby nachgehen will, dann tue ich das auch. Und schon schnappe ich mir meine Lieblings-Schoki (Sunny Crisp, mmmh, lecker) und mein Buch und vertiefe mich in die Geschichte von Maja Philine Dorothee, die sich eines Tages in einen Drilling verliebt und von einer Krise in die nächste schlittert. Während Leon mit seinem Fußball halbherzig durch den Garten kickt, meine Mutter neben mir am Tisch die Wäsche zusammenlegt und neidisch auf mein Schokoquadrat schielt, kichere ich mich hin und weg. Ich wimmle mit einem Satz Millis Anruf ab, die mich zu einem Wellness-Nachmittag einladen will. Das haben wir im letzten Winter immer gemacht und da fand ich das auch angemessen, in Kaisers luxuriöser Whirl-Wanne herumzulümmeln. Aber jetzt, bei 30 Grad im Schatten? No way. Außerdem muss ich unbedingt wissen, wie MP3 es noch bis zum Ende des Romans schafft, aus drei identischen Jungs ihren Herzensboy auszulosen. Ich lasse Kleo und ihre Hovawart-Hündin Ambra vor der Tür stehen, obwohl ich mich total freue, dass meine exbeste Freundin mal wieder die Initiative ergreift und bei mir klingelt. Aber was soll ich bitte jetzt durch die Felder streifen und mir im Selbstpflückerfeld weiße Gladiolen schneiden, wenn ich gerade fürs Leben lernen kann? Oder mir ihr Gejammer anhören, dass alle einen Freund haben und nur sie nicht.

---

Menschen sind von Natur aus nicht gerne alleine. Ob Junge oder Mädchen, viele finden sich „unvollständig", wenn sie keinen Partner haben. Mach dir klar: Das ist ein Klischee! Das Warten auf einen „Glücklichmacher" kann dich nur unglücklich machen, sei deine eigene „Glücklichmacherin", übernimm Verantwortung für dich und dein Glück.

Natürlich gibt es Eigenarten und Charakterzüge, die ein Partner ergänzen bzw. ausgleichen kann – das kann in einer Beziehung sehr reizvoll sein. Aber schau mal genau hin: Trägst du nicht auch immer beide Seiten in dir? Du „brauchst" kein Gegenüber, um zufrieden und „vollkommen" zu sein. Du bist es selbst!

---

Juris Anruf auf meinem Handy drücke ich einfach weg, Späßchen habe ich mit diesem Buch genug. Selbst Yannis erntet ein „Später, nicht jetzt", als er am frühen Abend doch noch über den Gartenzaun gehüpft kommt und mich küssen will. Enttäuscht bemerkt er außerdem, dass kein Krümel Schokolade mehr übrig ist.

„Dann halt nicht", höre ich ihn murmeln, während er die Verpackung zusammenknüllt. „See you."

Grinsend nicke ich ihm zu, jetzt muss er eben warten. Doch das Eiscafé Antonio leider auch, bis ich die 320 Seiten durchgefressen habe.

„Das war aber nicht nett von dir, Sina", macht mich Mama an, als ich zwischendurch aufstehe, um mir ein Glas Mineralwasser einzuschenken. „Der arme Junge!"

„Hä?" Verständnislos schaue ich sie an. „Wie meinst du denn das?"

„Na, du kannst ihn doch nicht einfach abblocken, wie es dir passt, das gehört sich nicht! Sei froh, wenn dein Freund sich für dich interessiert und zu dir kommt", meint sie.

„Du hast ja keine Ahnung, wie es wirklich war!", empöre ich mich. „Yannis fand es vorhin wichtiger, sein neues Spiel auszuprobieren, anstatt mit mir einen gemütlichen Nachmittag zu verbringen. Ist doch wohl klar, dass ich dann nicht wie Dornröschen dasitze und auf ihn warte." Kopfschüttelnd schaue ich meine Mutter an. Das meint die doch jetzt nicht ernst ... Soll ich mich etwa bedingungslos nach meinem Freund richten? Nee, oder?

Und wie meint sie das, ich solle froh sein, dass er sich für mich interessiert? Natürlich bin ich enttäuscht, wenn er einen auf Stockfisch macht und sich mehr für seinen Computer interessiert als für mich. Aber deswegen bin ich noch lange nicht auf ihn angewiesen!

Wer macht den ersten Schritt? – Lange Zeit galt in unserer Gesellschaft die Vorstellung, dass der Junge die Initiative ergreifen soll. Das Mädchen muss darauf warten, bis er sich endlich traut und sie anspricht ... Zum Glück ist das heute anders! Es ist völlig legitim und wirkt angenehm selbstbewusst, wenn du auf einen Jungen zugehst, ihn ansprichst, weil er dich interessiert. Umgekehrt bedeutet das natürlich auch, dass du es aushalten musst, unter Umständen abgewiesen zu werden.

Mir ist ganz schwummerig im Kopf, scheinbar sollte ich doch lieber Tante Irenes Rat beherzigen und eine Sonnenbrille zum Lesen in der Sonne aufziehen. Seufzend gucke ich meine Mutter an und überlege, ob ich sie fragen soll, ob sie froh ist, dass Papa jeden Abend zu *ihr* nach Hause kommt. Prompt werde ich rot und schäme mich, weil dieser Gedanke oberfies ist. Denn Mama kennt das Gefühl genau, wie es ist, wenn plötzlich der Mann nicht mehr nach Hause kommt. Sie hatte vor Papa eine Beziehung mit einem Musiker, der sie eines Tages, hochschwanger mit dem gemeinsamen Sohn, einfach verlassen hat. Mama ist auf diesen „Kerl", wie sie ihn immer nennt, überhaupt nicht gut zu sprechen, wie man sich vorstellen kann. Und selbst jetzt nach all den Jahren – mein Bruder Paul ist schon erwachsen und wohnt in einer coolen Musiker-WG – nagt dieses Gefühl, „sitzen gelassen zu werden", noch an ihr. Trotzdem meint sie, wir Frauen müssten froh und dankbar sein, wenn die Kerle sich für uns interessieren und zu uns kommen. Das ist ja so was von gestern – und überhaupt, was hat das mit mir und Yannis zu tun? Sie soll mich bitte damit in Ruhe lassen. Für einen Moment starren wir uns feindselig in die Augen, wie sich nur Mütter und Töchter anschießen können.

Ich werde alles anders machen, denke ich. Ich will nicht so werden wie du. Mich lässt niemand sitzen.

Dann schnappe ich mir mein Glas, angle im Vorübergehen noch einen Apfel aus dem Obstkorb und pflanze mich wieder in meinen Liegestuhl, um dem Finale entgegenzufiebern ...

Als ich mich dann nach dem Essen dusche und style, ernte ich von Mama wieder einen stirngerunzelten Blick. „Du läufst dem doch nicht etwa nach, oder?", sagt sie. „Jetzt hab du auch mal deinen Stolz! Warte doch, bis er wieder zu dir kommt!"
Ich kapiere schon wieder nicht, was sie meint. Gerade hat sie noch gemeint, ich solle froh sein, dass Yannis zu mir kommt – jetzt soll es plötzlich falsch sein, dass ich ihm „hinterherlaufe". Und außerdem: Was hat das mit Nachlaufen zu tun, wenn mein Freund nicht mit mir gemeinsam lesen will, stattdessen lieber Computergames daddelt, ich dafür ein supergeiles Buch lese und wir uns dann wie verabredet gemeinsam mit der Clique treffen? Für einen kurzen Moment überlege ich, ob ich jetzt zwischen Duschkabine und Haustür eine Grundsatzdiskussion von der Stange reiße, aber die Yannis-Sehnsucht in meinem Herzen ist größer. „Mach dir keine Sorgen", nuschle ich und drücke ihr einen Abschiedskuss auf die Wange. „Bis neun bin ich wieder da!"
Und schon schwinge ich mich auf mein Fahrrad und radle guter Dinge Richtung Antonio. Dort treffe ich nur einen ge-

langweilten Sebastian, der mir erzählt, dass alle Richtung Park abgezogen sind und Juri schon nach Hause ist, weil er nachdenken muss.

„Und warum hängst du dann hier alleine ab?", frage ich ihn, ohne ernsthaft eine Antwort zu erwarten. Sebastian ist ein smarter Schönling, der sich nicht mit jedem Mädchen unterhält. Er ist natürlich wie alle Jungs in Julia verliebt, schielt aber aktuell nach Jolina, weil er sich bei ihr größere Chancen ausrechnet und gerne mal mit ihr rumschieben würde. Ich weiß das, weil ich neulich unfreiwillig Zeugin wurde, wie er voll die Latte bekam (echt jetzt, ohne Witz!), als sie sich absichtlich in ihrem Supermini an ihm vorbeigedrückt hat. Ob sie heute Morgen deswegen diese kühne Behauptung aufgestellt hat?! Natürlich haben damals alle über Sebastian gelacht ... Ich verkneife mir ein Grinsen, denke lieber nicht an seine Boxershorts und düse dann ab Richtung Park, wo ich die anderen schon von Weitem in der Rosenlaube abhängen sehe.

Latte, Ständer, Steifer – wenn der Penis erigiert ist, wird er hart und groß. Peinlicherweise haben Jungs gerade zu Beginn der Pubertät wenig Kontrolle darüber, oft reicht eine volle Blase oder eine aufreizende Situation, um einen „Ständer" zu bekommen. (By the way: Wenn du mal unfreiwillig Zeugin wirst, lass es dir einfach nicht anmerken. Jeder Junge wird dir dankbar sein.)
Ursache dafür ist das Geschlechtshormon Testosteron, das den Jungen zum Mann macht. In der Pubertät nämlich steigt der Testosteronspiegel steil an, auf ein 800-Faches im Vergleich zur Kleinjungen-Phase: Das Hormon bewirkt einen plötzlichen Wachstumsschub von Armen und Beinen – das gesamte Nervensystem muss

sich neu verknüpfen, auch im Gehirn, weshalb Jungs um die 14 durchaus geistig abwesend und komplett gaga wirken können. Außerdem wachsen Schamhaare und Pickel, natürlich auch der Penis, der mitunter ein erquickliches Eigenleben führt. Testosteron bewirkt außerdem Konkurrenzdenken, Leistungswillen und aktiviert die Schutzinstinkte. Im Übrigen wird auch bei Mädchen und Frauen in den Eierstöcken Testosteron produziert. Allerdings nur in geringen Mengen.

Hier beginnt also der „kleine" Unterschied ...

# Kussmuss

„Da bist du ja endlich!", raunt mir Milli zur Begrüßung ins Ohr, während wir uns umarmen, „Yannis ist schon total sauer."
In der Tat sieht mein Freund nicht gerade *amused* aus, aber ich verstehe nicht, warum das mein Problem sein soll. „Hey", sage ich und will ihm so wie immer einen Kuss auf die Lippen drücken, doch er wendet sich demonstrativ ab.

Äh, Moment, bin ich im falschen Film? Habe ich da was nicht verstanden? Ist der etwa nachtragend wegen vorhin?

Es ist das erste Mal, dass wir als Gruppe verabredet sind: Julia und Nicolas, Milli und Marco, Yannis und ich. Es war Julias Idee, dass wir uns heute Abend mal alle gemeinsam treffen, weil sie Nicolas' Klammerei nicht mehr abkann. Er ist total eifersüchtig auf alles, was sie ohne ihn tut. Seit Ewigkeiten haben wir sie nicht mehr alleine getroffen. „Einerseits vermisse ich ihn jetzt schon total", hat sie uns mit verheulten Augen anvertraut, „andererseits geht mir seine Anhänglichkeit voll fett auf den Keks."

Ich weiß nicht, ob ich da mitreden kann, ich bin ja erst seit Kurzem mit Yannis zusammen, aber wenn ich mir vorstellte, ich würde ihn morgens, mittags und auch noch abends sehen und er würde ständig mit mir Händchen halten wollen – ich glaube, das wäre mir auch zu viel.

Bin ich unnormal, weil ich, außer mit Yannis zusammen zu sein, auch noch gerne alleine mit mir bin und zum Beispiel Tagebuch unter *www.sinasblog.de* schreibe? Oder ein Buch nach dem anderen durchschmökere? Oder Basketball in meiner Mädchenmannschaft spiele? Oder meine Freundinnen treffe?

Offensichtlich sind Yannis und ich die Einzigen, die jetzt nicht wie auf Kommando losknutschen. Julia hängt kunstvoll verdreht an Nicolas Hals, Milli sitzt rittlings auf Marcos Schoß.

„Was wollen wir denn noch machen?", frage ich deutlich und laut nach geschätzten fünf Minuten, in denen Yannis nicht die geringste Anstrengung unternommen hat, mich in seine Arme zu ziehen, geschweige denn, mich anzugucken. Dann nämlich hätte er gesehen, dass ich ihm die Zunge herausgestreckt habe.

„Weiß nicht." Julia schiebt Nicolas ein Stück weg, damit sie überhaupt Luft bekommt. „Was meinst du, Chouchou?"

„Keine Ahnung, Chérie!" Chouchou zuckt gelangweilt mit den Schultern und ich überlege für einen Moment, ob ich nicht lieber gleich nach Hause kotzen gehen soll. Chérie, Chouchou, dass ist nicht lache!

Schatz, Liebling, Bär, Hase – Kosenamen zwischen zwei Menschen, die sich sehr nahestehen, sind etwas sehr Schönes. Aber ehrlich gesagt nur, wenn sie nicht demonstrativ und lautstark in der Öffentlichkeit verwendet werden. Such dir einen für deinen Süßen aus, aber bitte nicht weitersagen:

Endlich kommt Bewegung in Yannis. „Du hast recht, ich habe auch keine Lust mehr, hier rumzuhängen." Genervt verzieht er seinen Mund und guckt mich zum ersten Mal heute Abend richtig an. „Was soll ich hier?", fragen seine Augen.

WUUUUUP! Da ist es endlich wieder, dieses vertraute Yannis-Gefühl.

Unmerklich nicke ich ihm zu. „Wie wäre es mit einem Eis-Picknick am Main?", schlage ich vor. „Kino geht leider nicht, ich darf nicht so spät nach Hause kommen."

„Kein Bock", kommt es von Marco lapidar. „Main ist öde."

„Och, neulich hat es dir dort doch ganz gut gefallen", ulkt Milli und knufft ihn neckend in die Seite.

„Ja, aber ..." Er grinst verschwörerisch zurück und legt den Finger auf die Lippen.

Ich kann mir schon denken, was das „aber" zu bedeuten hat. Die beiden haben jede Wette stundenlang auf einer Wiese neue Kusstechniken ausprobiert, was sonst. Sollen mir die beiden jetzt leidtun? Wenn ich Yannis küssen will, muss ich nicht zum Main fahren, sondern gehe eine Haustür weiter. Aber Marcos Eltern sind voll gegen Milli, da ist leider nichts zu reißen, seine Mutter hat sogar verboten, dass sie zu ihm nach Hause kommt.

„Dann machen wir eben einen Schaufensterbummel", meint Julia und guckt erwartungsvoll in die Runde. „Vielleicht haben ja noch ein paar Geschäfte offen."

„Wenn es sein muss ..." Marco scheint immer noch nicht überzeugt, aber Milli schnappt einfach seine Hand und zieht ihn mit sich, Julia und Nicolas laufen eng umschlungen hinterher.

Und Yannis? Der guckt mich für einen Moment fragend an, dann legt er einfach seinen Arm um meine Schultern und wir laufen ebenfalls Hüfte an Hüfte durch die Einkaufspassage, was sich sehr vertraut und gut anfühlt. Vor einer Auslage üppig bespitzter, halb nackter Schaufensterpuppen bleibt Julia plötzlich stehen.

„Das wünsche ich mir zum Geburtstag!", ruft sie ausgelassen und deutet auf ein weißes Spitzencorsage-Set.

Jungs stehen auf Mädchen in verführerischer Unterwäsche – in zahllosen Filmen und Werbetrailern erfahren sie, dass aufreizende Posen in knapper Bekleidung sie anmacht und verführt (manche Anzeigen grenzen jedoch an Sexismus, achte einmal darauf). Folglich möchten die meisten Jungs auch ihre Freundinnen in Spitzenwäsche sehen. Wenn du es selbst magst und dich wirklich gut darin fühlst, trage mit Lust Reizwäsche für deinen Liebsten. Jedoch lass dich nicht zum Objekt der Begierde degradieren, nur weil es dein Freund so wünscht oder du denkst, auf diese Weise Männer zu beeindrucken! Auch ohne solche Hilfsmittel kannst du sehr sexy sein!

„Du spinnst, so ein Stringding würde ich nie anziehen!" Milli zeigt ihr einen Vogel. „Oder findest du, das passt zu mir?" Provozierend guckt sie Marco an, der knallrot angelaufen ist, aber seiner Freundin offensichtlich etwas sehr Romantisches ins Ohr flüstert, denn sie guckt plötzlich sehr verschmitzt.

Hallo, was geht denn hier gerade ab?

Irritiert suche ich den Blick von Yannis, doch der grinst nur breit. „Da müssen deine Titten aber noch richtig wachsen!", meint er lachend in Julias Richtung und ich schlage mir erschrocken die Hand vor den Mund. So habe ich Yannis noch nie reden hören! Erst bringt er kein Wort raus und dann macht er hier einen auf Obermacho, ich glaub's nicht! Zum Glück zwinkert er mir jetzt zu und ich verstehe: Er will Julia mit ihrem saublöden Zickengetue nur eins auswischen. Die steigt prompt auf sein Spielchen ein.

„Ach ja?" Wutfunkelnd baut sie sich vor Yannis auf, den armen Nicolas im Schlepptau. „Wenn hier eine kleine Brüste hat, dann ja wohl deine Sina."

„Äh, jetzt ist mal gut, ja?", fauche ich zurück. „Ich habe keine Lust, hier auf offener Straße meine Körbchengrößen zu diskutieren." So allmählich weiß ich nicht, was in meine Freunde gefahren ist. Erst Jolina heute Morgen mit dieser Schwanz-Attacke und jetzt Julia, die meint, große Busen wären alles.

Große Brüste sind das Sinnbild von Erotik, Weiblichkeit und Mutterschaft und klar gucken Jungs bzw. Männer gerne zuerst mal in den Ausschnitt. Alles andere („aber ich gucke zuerst in ihre Augen und achte auf ihre inneren Werte") ist meistens gelogen! Inzwischen sind wir selbstbewusst genug: Sollen sie doch! Macht ja auch nichts, solange du selbst dir sicher bist, dass dein Potenzial dein Intellekt und dein Charakter ist und du nicht auf diese Form der Anerkennung seitens der Jungen angewiesen bist. Anders formuliert: Ob sich ein Junge für dich interessiert oder nicht, darf niemals von deiner Körbchengröße abhängen. Die andere Wahrheit ist nämlich auch: Jungen mögen echte Mädchen, keine künstlich ausgestopften oder gar operierten, willenlosen Puppen.

„Komm, wir gehen rein, anprobieren", schlägt Marco jetzt in vollem Ernst vor und guckt Milli erwartungsvoll an. „Wir haben lange keine Unterwäsche mehr gemeinsam für dich ausgesucht, mein Schatz!"

„Aber nicht diesen Body", protestiert Milli lachend und ich denke nur: Gemeinsam Unterwäsche kaufen – haben die sie noch alle?!

„Jetzt guck nicht so", meint Milli dann, als sie meine skeptische Miene bemerkt, „das macht voll Spaß, wir machen das oft. Und du musst ja nichts anprobieren, was dir nicht gefällt."

„Ich weiß nicht ... Außerdem: Das ist doch viel zu teuer", versuche ich es mit einer Ausrede. Himmel, wie komme ich aus dieser Nummer bloß wieder raus? Wir stehen nämlich vor *Patrizia*, DEM Lingerie-Geschäft unserer Stadt, bei dem sowohl meine Mutter als auch unsere Klassenlehrerin Tuszynski Stammkundinnen sind. Wenn ich so aufreizende Glamour-Fummel tragen wollte, bräuchte ich sie nur bei meiner Mutter auszuleihen.

Aber ich wüsste gar nicht, für wen! Milli soll mal bloß nicht so tun, als würde sie Marco in heißen Höschen empfangen, diesbezüglich läuft bei denen nämlich nichts, das hätte sie bestimmt längst erzählt. Und Julia leidet im Gegenteil eher darunter, dass Nicolas außer pausenlosem Küssen und Händchenhalten nicht sonderlich aktiv ist.

„Angucken kostet nichts", meint Nicolas achselzuckend und lässt sich von Julia-Chérie in den Laden ziehen.

Unschlüssig trete ich von einem Fuß auf den anderen. Ich gucke Yannis an und Yannis guckt mich an. Dann nicken wir uns wie auf drei zu, rufen den anderen ein lässiges „Wir sehen uns morgen" hinterher und rennen lachend die Straße hinunter Richtung Mainufer. Völlig außer Atem lassen wir uns auf das nächstbeste Mäuerchen plumpsen – und schweigen uns an.

Jetzt wäre die Gelegenheit, mal wieder ein wenig Yannis zu küssen, überlege ich, nachdem ich wieder zu Luft gekommen bin. Aber eigentlich ist es auch ganz schön, einfach nur dazusitzen, den vorbeifahrenden Frachtern zuzuschauen und die warme Sommerluft, die schon ein bisschen nach Nacht riecht, auf meiner Haut spüren. Scheinbar geht es Yannis genauso, zumindest macht er keine Anstalten, weder meine Hand noch meinen Arm noch meinen Mund zu berühren. Eine kleine Ewigkeit sitzen wir so da.

„Ich muss nach Hause", stelle ich plötzlich mit einem erschrockenen Blick auf meine Armbanduhr fest. „Kommst du mit?"

„Klar, ich bring dich!" Yannis boxt mir scherzhaft in den Oberarm, doch reflexartig halte ich seine Hand fest und schaue ihm tief in die Augen.

Irgendwann muss er es doch kapieren, dass wir inzwischen Freund und Freundin sind und nicht mehr nur Kumpels, die sich balgen und boxen. Ich will mehr!!!

„Ich ... ich hab nicht vergessen, dass du meine Freundin bist", stammelt er nach einer Weile, als ob er meine Gedanken lesen könnte. „Und auch nicht, seit wann es so ist. Aber ..." Er seufzt tief und für einen Moment sackt mir das Herz in die Hose. Er war schon den ganzen Tag so komisch. Macht Yannis jetzt Schluss, bevor alles angefangen hat? Doch dann fährt er fort.

„Das ... das geht mir alles viel zu schnell, Sina. Äh, ich meine, das mit dir ist total schön." Er streicht mir zärtlich eine Strähne aus dem Gesicht. „Aber dieser ganze Pärchenkram, dieses Getue, ist mir echt too much."

Ich nicke und weiß sofort, was er meint, schließlich hat mir Juri genau das gestern erklärt. „Manchmal brauchen wir Jungs halt ein bisschen Zeit", hat er gemeint und ganz verschmitzt dabei geschaut. „Dafür sind wir im 100-Meter-Lauf schneller als ihr!"

Kollektivknutschen finde ich genauso daneben wie Gruppensexshopping im Dessous-Laden.

„Aber du hättest mir trotzdem vorhin mit einem Kuss Hallo sagen können", maule ich. „Das ist kein Grund, mich zu ignorieren."

„Och, Mensch, Sina, versteh doch!" Yannis wendet sich ab und fährt sich mit beiden Händen durch seine dunklen Haare. „Das ist mir echt zu doof, dieses Geprahle und Geknutsche und Sex-Getue à la Marco. Wir sind doch nicht am Ballermann."

Chef, Vermittler, Spaßvogel, Flipper, Mitläufer – Jungs haben unter sich eine klare Rangordnung, die sie in vielen kleinen und großen Kämpfchen ausgetragen haben. Wenn sie einen gemeinsamen „Chef" bzw. Anführer anerkannt haben, ordnen sie sich ihm gemäß ihrer Rolle bedingungslos unter – vorausgesetzt, er handelt fair. Für Jungs ist das total entspannt, weil sie nichts mehr beweisen müssen, alles ist ja geklärt.

Schwierig wird es für sie allerdings, wenn Mädchen ins Spiel kommen: Plötzlich stehen sie wieder unter Leistungs- und Erwartungsdruck, müssen um ihre Position kämpfen bzw. den anderen mit lautstarken Machosprüchen beweisen, was für tolle Kerle sie sind. Oder sie flüchten sich vor Angst und Unsicherheit ins große Schweigen und die Passivität. Mit der Zeit und der Erfahrung lernen Jungs immer besser, damit umzugehen. Voraussetzung: Sie fühlen sich von Mädchen nicht unter Druck gesetzt.

„Besser als gar nicht", rutscht es mir raus. Erschrocken gucke ich ihn an.

„Wenn das alles ist, worum es dir geht ..." Yannis tut so, als wende er sich ab, doch dann kommt er mit seinem Mund ganz dicht an meinen und ich atme wieder diesen vertrauten Yannis-Geruch. „Ich gebe dir, was du brauchst, Baby."

Ob Junge oder Mädchen, nicht jeder zeigt seine Gefühle gerne in der Öffentlichkeit, das gilt es erst mal zu respektieren. Wichtig ist, dass ihr euch beide gut damit fühlt und nicht hin und her gerissen seid zwischen dem Pärchenverhalten innerhalb und dem außerhalb eurer eigenen vier Wände.

Und noch bevor ich überlegen kann, ob Yannis wohl bei seinem älteren Bruder Malte einen Womanizer-Crash-Kurs absolviert hat und ich in Zukunft noch mehr solcher Sprüche von ihm ertragen muss, spüre ich seine Lippen auf meinen.

Mmmmhhh, und seine Zunge, die mir die einzig wahre Yannis-Geschichte erzählt.

An diesem Abend liege ich nach dem Zähneputzen noch lange wach. Nachdem Yannis und ich uns noch Ewigkeiten küssen mussten, bin ich viel zu spät nach Hause gekommen. Das war total schön und romantisch, mit ihm in der untergehenden Sonne zu stehen ...

„Warte, ich regle das", hat Yannis kurzerhand erklärt und meiner Mutter, die beim Türöffnen schon zu einer ihrer berühmt-berüchtigten Gardinenpredigten ansetzen wollte, eine sehr schöne wie komplizierte Geschichte von einem kleinen Jungen erzählt, der sich verirrt hat und dem wir erst helfen mussten, seine Eltern wiederzufinden.

„Hauptsache, es ist euch nichts passiert", hat meine Mutter nur seufzend gemeint. „Und das nächste Mal steckst du dein Handy ein, wozu hast du es denn?"

Um Yannis verliebte SMS zu schicken, liebe Mama!
Nicht, damit du mir hinterherspionieren kannst.

Was habe ich für ein Glück mit meinem Freund, denke ich zum millionsten Mal, auch wenn er zwischendurch so oberpeinliche Sprüche bringt. Einerseits fände ich es natürlich toll, wenn er vor seinen Freunden und all den anderen zu mir stehen würde, andererseits ist es mir viel wichtiger, dass er gefühlsmäßig bei mir ist und mit mir auf einer Wellenlinie schwimmt, wenn es darauf ankommt. Aber vielleicht ändert sich das ja auch noch, wir sind ja erst seit Kurzem zusammen. Dass er heute von sich aus angefangen hat, darüber zu reden, ist immerhin schon mal ein Anfang. Und dass er meiner Mutter ein komplettes Lügenmärchen erzählt hat, um mich zu schützen, hätte ich ihm auch nicht zugetraut. Sonst kriegt er gerade mal hin, sie zu grüßen, obwohl er sie schon genauso lange kennt wie mich und sie ihn quasi hier in der Reihenhaussiedlung hat aufwachsen sehen.

Ob Unzuverlässigkeit, Sprücheklopferei, Dauerfummelei, Gefühlstaubheit, Ignorantentum oder Angeberei – bestimmte Verhaltensweisen und Charakterzüge lassen sich bei einem Menschen nicht so einfach ändern. Wenn dich eine Eigenschaft an deinem Freund dermaßen stört, dass du ihn gerne „umerziehen" möchtest: Vergiss es! Überlege dir lieber, ob all seine anderen positiven Eigenschaften diese eine miese nicht aufwiegen. Ein gewisses Maß an Toleranz gegenüber Macken ist in einer Beziehung wichtig. Wenn du eine besonders nervige Angewohnheit deines Freundes nicht aushältst (was völlig okay ist) oder er sich wirklich wie ein Oberarschloch verhält, mach Schluss, bevor die Beziehung für dich zur Qual wird.

Gedankenverloren kritzle ich ein paar *Sinapics* in mein Tagebuch und schreibe auf, was heute so alles passiert ist. Noch weiß ich nämlich nicht, wie ich mit Yannis' Verhalten umgehen soll ...

Am nächsten Morgen, unserem vorletzten Schultag vor den großen Sommerferien, überrascht uns Julia mit einer Einladung zu einer kleinen Grillparty bei ihr zu Hause. Ihre Eltern sind im Theater und sie hat sturmfreie Bude.

„Nicolas will euch halt noch mal alle sehen, bevor er nach Frankreich zurückgeht", behauptet sie, dabei weiß ich ganz genau, dass der liebe Nicolas die Zeit bis zu seiner Abreise tausend Mal lieber alleine mit seinem Chérie verbringen würde. Aus irgendwelchen Gründen flüchtet Julia seit Neustem vor dieser trauten Zweisamkeit, wo es nur geht, und denkt sich alle möglichen Events aus, um nur ja nicht mit ihm alleine sein zu müssen.

„Prima Idee, sollen wir was mitbringen?" Milli ist sofort begeistert dabei. „Den Nachtisch vielleicht?"

„Jetzt sag nicht, Nicolas grillt und du machst den Salat?!" Ich bin noch äußerst müde, deswegen reagiere ich nicht gerade euphorisch.

> Das ist ja wie bei unseren Eltern!

„Natürlich, was denkst du denn?" Julia schaut mich missbilligend an, wie ich es sonst nur von meiner Mutter her kenne, wenn ich vergessen habe, die Duschkabine zu wienern.

In diesem Moment läuft Yannis mit einem laut vernehmlichen „Hallo ihr!" an uns vorbei Richtung Klassenzimmer.

„Und?" Sofort ist der Grillabend vergessen und meine Freundinnen drängen sich erwartungsvoll an mich. „Hattet ihr noch einen schönen Abend – oder etwa nicht?", fügt Milli hinzu, als sie meinen genervten Blick erwischt.

„Kann der dir nicht mal ordentlich Guten Morgen sagen, wie es sich für einen richtigen Freund gehört?" Julias Miene sieht immer noch nach Fräulein Rottenmeier aus.

„Lasst mich doch in Ruhe", winke ich ärgerlich ab. Keine Lust auf Grundsatzdiskussionen heute Morgen, dafür bin ich echt noch nicht zu gebrauchen. Ich habe mir die ganze Nacht lang das Hirn zergrübelt, ob ich das mit Yannis so will, wie es ist, ob ich damit klarkomme, dass er so ist, wie er ist. Oder ob ich lieber Schluss machen soll, eben weil er mich nur küssen kann, wenn wir alleine sind. Und ich bin zu dem Ergebnis gekommen, nachdem ich ellenlange Listen geschrieben und gründliche Überlegungen angestellt habe, wie es ja nun mal meine Art ist, dass Yannis Yannis ist und ich, Sina Rosenmüller, nicht das Recht dazu habe, ihn zu verändern. Ich mag Yannis, wie er ist, eben WEIL er so wie Yannis ist. Deswegen habe ich mich in ihn verliebt. Und wer das nicht kapiert, ist selber schuld. Aber eine wie Julia wird das nicht verstehen, weil sie immer denkt, alle und alles müssen nach ihrer Pfeife tanzen.

„Mensch, Sina, jetzt krieg dich halt wieder ein", meint Milli. „Das hat Julia gar nicht so gemeint." Sie legt mir versöhnlich den Arm um die Schultern. „Wäre doch schön heute Abend, das Wetter ist so genial. Und wenn wir sturmfreie Bude haben ..."

Julia steht feixend daneben. Sie weiß genau, dass sie einen wunden Punkt bei mir getroffen hat: Dass Yannis mit diesen Pärchentreffs so seine Schwierigkeiten hat – und deshalb diese auch für mich ein Problem sind. Ich finde es gemein von ihr, dass sie darauf herumreitet. In Zukunft sollte sie sich ihre fiesen Kommentare lieber sparen, sonst muss ich sie daran erinnern, dass Nicolas zwar ein oberzärtlicher Schmuser ist, ansonsten aber nicht weiß, was Frauen wollen. Ich starre sie schlitzig an und hoffe, sie hält ab sofort ihre dämliche Klappe.

Äh, was wollen Frauen? Was will Julia? Was will ich?
Wollen wir alle das Gleiche?

„Sebastian und Jolina habe ich auch eingeladen", plaudert Julia weiter, als wäre nichts gewesen. „Und Kleo und Juri auch."
Bevor ich ihr ein lautstarkes „Du hast sie ja nicht mehr alle!" an den Kopf pfeffern kann, klingelt es zur ersten Stunde und der Vasiljevic kommt mit wehenden Haaren reingerauscht. Kunst! Auch das noch. Aber ausnahmsweise überrascht er uns mit einem spannenden Vorschlag: Ein hiesiges Kaufhaus hat einen T-Shirt-Wettbewerb ausgeschrieben und er schlägt uns vor, daran teilzunehmen – für unsere Kunstnote, versteht sich.
„Boah, wie uncool", winkt Sebastian genervt ab, der natürlich nur „echte" Marken trägt und nie im Leben ein No-name-Teil Marke Eigenfabrikation anziehen würde.
„Voll klasse", kommentieren dagegen Charlotte und Fee, unsere Emo-Girls, begeistert. Ich grinse bei der Vorstellung, wie sie schwarze Ornamente auf schwarzen Shirts platzieren ...
„Das Thema lautet ‚Herz'", erläutert Herr Vasiljevic jetzt die Teilnahmebedingungen.
„Doch so konkret ...", rutscht es mir raus.
„Ihr entwickelt ein Design, das ich benoten werde, also seht es als eine Art Hausaufgabe über die Ferien. Wer will, lässt das Motiv auf ein T-Shirt drucken, Einsendeschluss ist der 15. August, die Teilnahme an dem Wettbewerb ist natürlich freiwillig", betont er noch mal.

„Also nach den Sommerferien", bemerkt Milli. „Dann wissen wir ja, was wir bis dahin zu tun haben."

„Ich weiß schon, was ich mache", sagt Nicolas und macht ein wichtiges Gesicht, als sei er Karl Lagerfeld persönlich: „J'n'N, das wird geil ..."

„Du bist leider nicht mehr da!", zischt ihm Julia ins Ohr, der es sichtbar peinlich ist, dass ihr Freund plötzlich vor versammelter Mannschaft seine Gefühle dermaßen lautstark zum Ausdruck bringt.

„Wie kitschig", rutscht es mir raus. Immer dieser Gefühlskram! Seufzend krame ich nach meinen dicken Stabilos, die mir Tante Irene neulich geschenkt hat. Die Dinger liegen ganz schmeichlerisch in der Hand, malen macht damit wirklich Spaß. Wer weiß, vielleicht kriege ich damit ein schönes Herzmotiv zustande!

Etliche Schulstunden später klingle ich seit Ewigkeiten mal wieder an Kleinschmidts Haustüre, um mich zur Kartoffelsalat-Schnippelei einzufinden.

„Das ist aber schön, dich zu sehen, Sina", empfängt mich Kleos Mutter überschwänglich, als sie mir die Tür öffnet. „Kleo freut sich ja so sehr auf heute Abend ... Sie hat extra ganz viele Bücher gewälzt, um die besten Rezepte herauszufischen. Ich wollte ihr helfen, aber nein ... du kennst sie ja." Lachend schiebt sie mich Richtung Küche, wo Kleo bereits dabei ist, die Zutaten für das Dressing zurechtzumixen. Verwundert gucke ich sie an. Kleo hat sich in letzter Zeit außer für Zwieback und Äpfel herzlich wenig für Essen interessiert. Woher kommt dieser plötzliche Sinneswandel?

„Hier, du kannst die Kartoffeln pellen." Statt einer Begrüßung hält sie mir gleich ein Messer unter die Nase. „Und dann Scheiben schneiden, ganz fein, sonst schmeckt es nicht."

Ich tue brav, wie mir geheißen, während ich meinen Blick möglichst unauffällig durch die Küche schweifen lasse. „Willst du das alles noch verarbeiten?", rutscht es mir raus. Auf der Arbeitsplatte stehen noch Gurken, Paprika, Knoblauch, Quark, Eier, eine Nudelpackung … „Ich dachte, wir machen gemeinsam diesen einen Salat und gut ist."

„Tja, falsch gedacht!" Schulterzuckend schaut sie mich an. „Julia ist mit der Deko beschäftigt und kann sich nicht kümmern, da hat sie mich gefragt, ob ich noch ein paar Salate mehr mache …"

„Was?" Ungläubig starre ich sie an. Wieso fragt Julia ausgerechnet Kleo? Und was muss sie großartig dekorieren? Mit Schauern erinnere ich mich an die Bastelaktion für Nicolas' Sommerfest, als wir mit Heißklebepistolen Weckgläser verziert haben.

„Außerdem muss die Arme noch Würstchen und Steaks besorgen, Grillkohle und Getränke." Kleo streicht sich mit der freien Hand durch ihren raspelkurzen Lockenkopf.

„Und ich dachte, während wir hier Salate richten, sind die Jungs wenigstens auf der Jagd", rutscht es mir heraus, pule aber brav weiter die kalte Haut von den Kartoffeln.

Beutejäger und Nesthüterin – das kennen wir aus der Steinzeit. Und erst seit knapp 50 Jahren wird diese Rollenverteilung in unserer modernen Zivilisationsgesellschaft, in der es nicht mehr ums reine Überleben geht, infrage gestellt bzw. im Zuge der

Emanzipationsbewegung neu diskutiert. Im Verhältnis zu der Entwicklung der Menschheit (vom Beginn der Steinzeit bis heute sind immerhin knapp drei Millionen Jahre vergangen), ist das eine sehr, sehr kurze Zeit. Kein Wunder, wenn da die „Programmierungen" im Gehirn noch steinzeitlich ausgerichtet sind: Beim Mann aufs Beutejagen (räumliches Vorstellungsvermögen, schweigsames Verharren, zielgerichteter Blick, Schutz bieten, Lösungen suchen etc.), bei der Frau aufs Nesthüten (Einrichten der Wohnung, Zubereitung der Speisen, Kindererziehung, Pflege der Freundschaften durch Kommunikation etc.)

Aber: Niemand muss in alten Rollenklischees stecken bleiben, wir leben immerhin im 21. Jahrhundert! Und doch ist es vor diesem Hintergrund leichter zu verstehen, warum Mädchen sich heute immer noch eher fürs Salate-Zubereiten zuständig fühlen und Jungs fürs Grillen ...

„Du bist doof, Sina, weißt du das?" Kleo guckt mich missbilligend an. „Das ist doch das Normalste der Welt, findest du nicht?"

„Nee, finde ich nicht! Wieso lädt sie dann ein, wenn es ihr zu viel ist? Und wieso verteilt sie die Aufgaben nicht gerechter, hä?" Das bringt ja noch nicht mal meine Mutter, dass sie alles an sich reißt! Nein, wenn es ums Einkaufen und Kochen geht, ist mein Vater natürlich genauso gefragt: Wenn man gemeinsam essen will, muss man sich auch gemeinsam um die Zubereitung kümmern, so kenne ich das von zu Hause. Wenn wir grillen, geht er immer Würstchen & Co. besorgen, weil er dann auch genau weiß, was er später da auf den Grillrost schmeißt.

Okay, okay, meine Mutter steht unterdessen in der Küche und bereitet den Salat, während Leon und ich den Tisch decken und Ketchup und Senf hinstellen.

„Und was ist überhaupt mit Milli und Jolina? Oder Juri und Sebastian? Um welche Deko müssen die sich eigentlich kümmern?"

„Um ihre eigene! Garantiert steht Sebastian schon lange unter der Dusche und rasiert sich", kichert jetzt Kleo urplötzlich los und läuft knallrot an.

„Wie, der rasiert sich?", hake ich nach. Yannis hat zwar auch bereits ein paar Barthärchen, aber rasieren muss der sich noch lange nicht, oder?

„Na, die Beine, die Achseln, die Brust", erklärt mir Kleo, als sei es das Normalste der Welt, dass Jungs plötzlich auch so einen Enthaarungsfimmel haben wie wir Mädchen. „Hat er doch neulich erzählt, dass seine Kaschmir-Pullis sich dann erst so richtig gut anfühlen." Inzwischen ist der Kartoffelsalat fertig und Kleo schickt sich an, Knoblauch zu zerdrücken.

Kopfschüttelnd gucke ich ihr zu, wie sie jetzt Joghurt und Quark verrührt und noch eine ganze Gurke in den Zaziki reinraspelt. Hoffentlich hat sich Julia da mal nicht vertan ... Wenn sie Sebastian mit Jolina verkuppeln will, könnte es durchaus passieren, dass unsere liebe Kleo nachher sauer in der Ecke hängt. Aber dann verläuft der „Pärchen-Grillabend" doch ganz anders, weil Jolina Ewigkeiten nicht aufkreuzt und Marco und Milli sich vor versammelter Mannschaft derart streiten, dass sie uns mit ihrer schlechten Laune beinahe anstecken. Sebastian hängt gelangweilt mit seiner Coke in der Ecke und duftet vor sich hin – merkt er es nicht oder will er es nicht merken, wie Kleo im Vorübergehen genüsslich schnuppert?

„Meinst, du ich kann ihn mal fragen, welchen Duft er verwendet?", wispert sie mir zu. „Das muss was Neues sein, das kenne ich nämlich nicht ..."

Erstaunt gucke ich Kleo an. Seit wann interessiert die sich denn für Herrendüfte?

Ganz klar: Jungs müssen gut riechen! Ob Deo, Body-Splash oder Eau de Toilette, der Duft muss zum Typ und Anlass passen.

**Styler:** Cooler Typ mit längeren Haaren, lassig unterwegs in seinen Boarderklamotten und Skaterschuhen. Natürlich riecht er gut und ist körperbewusst. Aber vor allem cool.

**Freak:** Lange, ungewaschene Haare mit Vogelnestern, zu kurze Shirts und Socken in den Sandalen; duscht höchstens einmal die Woche und riecht auch so.

**Skater:** Hat immer ein Kappe auf, trägt Röhrenjeans und bunte Shirts, duscht täglich und achtet auf sein Äußeres, dezenter Duft von den gängigen Marken.

Juri ist heute Abend total gut drauf und reißt einen Witz nach dem anderen, Marco dagegen ist total genervt von ihm, weil er Feuerzeuge-an-Fürze-Halten nun wirklich nicht mehr cool findet. Milli und ich lachen uns halb schief und knuddeln Juri erst mal durch, was unsere Freunde missbilligend registrieren. Pah, sollen sie doch! Yannis hat kurzerhand das Grillen übernommen, nachdem sich Monsieur Chouchou oberdämlich beim Anzünden die Finger versengt hat und Julia die barmherzige Krankenschwester spielen musste.

Klischee?! Jungs mögen es, wenn sie bemitleidet und bemuttert werden! Heißt nicht, dass du ihm Tee kochen oder pausenlos Händchen halten musst. Aber wehe, du ignorierst seinen Schnupfen, denn daran könnte er ja sterben! Im Ernst: Viele Jungen und Männer neigen zu Hypochondrie, können Schmerzen schlecht aushalten und greifen schnell nach harten Medikamenten – denn nur denen trauen sie wirklich. Warum das so ist? Vielleicht, weil sie es genießen, als echte Kerle auch mal „schwach" sein zu dürfen, vielleicht, weil sie Schmerz schlechter aushalten können, vielleicht, weil sie Krankheiten sachlich erfassen, verstehen und bekämpfen müssen, vielleicht, weil sie das Gefühl der Schwäche besonders schlecht akzeptieren können. Übrigens: Es gibt ebenso weibliche Jammersusen ...

Ich finde, das hat Julia nun davon. Was muss sie auch so einen langweiligen Grillabend veranstalten, da hätten wir ja gleich mit ihren Eltern feiern können. Oder mit Dietrichs, Yannis' Eltern, füge ich in Gedanken noch hinzu – auf Stefanies Partys ist wenigstens was los!

„Immer noch besser als ein gemeinsamer Spieleabend", meint Yannis jetzt und wendet lässig die Spareribs, die Julia extra hot 'n' spicy mariniert hat.

„Oder *Wetten, dass ...?* gucken mit Häppchen und Bier", lästere ich weiter, woraufhin wir beide vor Lachen auf dem Boden liegen. Yannis und ich sind nicht umsonst die allerbesten Freunde – und mehr!

Marco und Milli haben sich immer noch nicht wieder eingekriegt, dafür füttern sich jetzt Julia und Nicolas unter Darbietung sämtlicher Peinlichkeiten abwechselnd mit Würstchen. Irgendwann dann kommt Jolina doch noch, angelt sich kurzerhand ein angekokeltes Rippchen vom Grill und setzt sich einfach neben Sebastian, der, die Kopfhörer auf dem Ohr, teilnahmslos den Kartoffelsalat in sich hineinschaufelt – sehr zum Leidwesen von Kleo, die ihn die ganze Zeit über anschmachtet und nach einer passenden Möglichkeit sucht, ihn anzusprechen. Und dann kommt Jolina, stöpselt einfach sein Kabel ab und meint: „Hey, geiler Duft, der ist neu, oder?"

Woraufhin Sebastian breit grinsend seine Arme ausbreitet und sein männlich-herbes Eau de Toilette aus seinen Achseln sogar bis zu mir herüberweht. Ein Blick durch seine flatternden Shirt-Ärmel beweist, dass Kleo recht hat und er sich tatsächlich rasiert. Doch bevor Sebastian wortreich erzählen kann, wie sein neuer Duft heißt, wie der Flakon aussieht und wie exklusiv das

Zeugs ist, das er sich da aufgesprüht hat, springt Kleo beleidigt auf, reißt dabei aus Versehen das Tischtuch mit – und das war's dann mit Kartoffelsalat und Gürkchen.

„Haste sie noch alle?", macht Julia sie an, den Tränen nahe, denn nicht nur die guten Porzellanteller mit Familientradition sind zerbrochen, sondern auch das Tischtuch ist komplett ketchupverschmiert.

Doch Kleo guckt sich noch nicht einmal um.

„Game over!", ulkt Juri. „Ich hol mal 'nen Besen."

# Das Geheimnis echter Männerabende

Nach dem missglückten Pärchenabend neulich habe ich erst mal die Nase voll von gemeinsamen Unternehmungen. Soll Julia doch froh sein, dass sie die letzten Tage mit ihrem Freund alleine genießen darf. In ein paar Wochen flennt sie ihm bestimmt hinterher, jede Wette, und nervt uns mit den Inhalten ihrer Liebesmails.

Milli schmollt immer noch mit Marco, was zur Folge hat, dass sie sich griesgrämig zu ihren Pferden in den Stall verzogen hat und nicht mehr ansprechbar ist.

Und Kleo hat sich, glücklich entliebt, in eine neue unglückliche Affäre gestürzt: Sie schwärmt jetzt für so einen Teeniestar aus einer Boygroup, sammelt Autogrammkarten und Zeitungsartikel bis zum Abwinken. Sie ist völlig abgetaucht in diese Popwelt, in der alles perfekt scheint. Es war sogar so, dass sie schon halbwegs in Ohnmacht gefallen ist bei dem Gedanken, ihn nächste Woche auf dem Konzert live zu sehen. Vielleicht ist es ganz gut, dass ihre Mutter sie natürlich nicht hinlässt.

Vor allem in der Umbruchphase Pubertät geraten viele Mädchen ins Schwärmen für Stars und Boygroups, tapezieren ihre Zimmer mit Fotos, besuchen Konzerte und träumen von ihren Idolen als perfekte Liebhaber und Partner – wohl wissend, dass es absolut unrealistisch ist, an sie heranzukommen. Meistens ist diese Phase mit 13, 14 Jahren vorbei, wenn sich die eigene Identität herausgebildet und gefestigt hat. Vielen Mädchen ist dann diese Schwärmerei megapeinlich. Muss es aber nicht sein.

Aber, hey, Leute, wir haben endlich Sommerferien! Seit vorgestern bin ich Besitzerin eines recht passablen Zeugnisses, garantiert werde ich in den nächsten sechs Wochen keinen Strich für die Schule tun! FERIEN!!!

Meine einzige schulische Tätigkeit wird der geniale T-Shirt-Entwurf mit lauter Sinapics sein – diesen Wettbewerb will ich unbedingt gewinnen!

Natürlich wollten wir Mädels nach Schulschluss erst mal in die City – ausgiebig shoppen –, woraufhin unsere Freunde freundlich, aber bestimmt „so long" gesagt haben. War mir auch recht, ich finde es eher peinlich, wenn Yannis meine Verzweiflung angesichts Jeans Size zero mitbekommt oder vor der Umkleidekabine Wurzeln schlägt – mit Blick auf meine Sockenfüße.

Die einen lieben es, stundenlang durch Boutiquen zu streifen und stylische Outfits und hippe Schuhe anzuprobieren. Die anderen sind eher pragmatisch unterwegs und kaufen zielgerichtet Shirts und Jeans. Ob Mädchen oder Junge – das hat weniger etwas mit

Genen und Gehirnstruktur zu tun als mit der persönlichen Einstellung zum Thema Mode. Viele Jungs legen heutzutage großen Wert auf ihre äußere Erscheinung und könnten sich nie im Leben vorstellen, wie ihr Vater Schuhe, Socken und Hose von ihrer Frau bzw. Mutter „verpasst" zu bekommen.

Stefanie, Yannis' Mutter und gleichzeitig unsere Nachbarin, hatte den Ferienbeginn natürlich zum Anlass genommen, am Samstagabend eine ausgelassene Party zu feiern, Thema: Kleidertausch. Sie liebt es, sich die beknacktesten Mottos auszudenken und findet es oberlustig, wenn Frauen bei 30 Grad im Schatten lange Hosen und Krawatten tragen, während die Männer dafür in luftigen Sommerkleidchen antanzen. Sie selbst trug ihre Haare streng zurückgegelt, weite Levis und ein ärmelloses Shirt, das ihre braun gebrannten, muskulösen Oberarme lässig zur Geltung brachte. Ihr Mann Oliver dagegen präsentierte sich mit großer Grazie in einem kleinen Schwarzen, was ihm zugegebenermaßen wunderbar stand (nicht zuletzt, weil seine Beine im Gegensatz zu denen meines Vaters babyglatt rasiert waren). Bestaunenswert, wie sicher er mit 12 cm hohen Absätzen herumlief – als ob er das öfters machen würde! Überhaupt schien es so, dass viele Männer an diesem Abend ihren Spaß daran hatten, in Frauenkleidern und mit geschminkten Lippen herumzulaufen, einer hatte sich sogar einen üppigen Busen ausgestopft. Komischerweise habe ich keine Frau beobachtet, die einen Umschnall-Dildo in der Hose gehabt hätte ... So weit geht der viel beschriebene Penisneid dann also doch nicht!

---

Transvestiten (aus dem Lateinischen trans = hinüber und vestire = kleiden) tragen bewusst Kleidung des anderen Geschlechts. Überspitzte Darstellungen in der Öffentlichkeit sind beispielsweise Travestie-Shows oder Männerballetts, wie sie im rheinischen Karneval Tradition haben. Manche Jungs und Männer schlüpfen gerne einfach mal so in Frauenkleider und tragen hochhackige Pumps – vielleicht aus Spaß, vielleicht, um auf diese Weise ihre Emotionen zu zeigen, die ihnen sonst verwehrt sind (wie sie glauben).

---

Dem armen Yannis war diese Verkleiderei diesmal oberpeinlich, Frauenkleider sind halt nichts für echte Kerle ... Er hat sich nur ganz kurz blicken lassen und sich dann mit seinem Bruder Malte hinterm PC verkrümelt. Fand ich nicht so prickelnd, ich hätte lieber mit ihm gemeinsam wie immer von der Hollywoodschaukel aus über die Gäste abgelästert und sie beim Tangotanzen zu Höchstleistungen angefeuert. So saß ich dann alleine gelangweilt in Papas kariertem Männerhemd da, gute Miene zum blöden Spiel machend, mit einem alkoholfreien Gender-Tender in der Hand ...

Warum will Yannis lieber am Computer sein als bei mir?
Okay, okay, Sina, das hatten wir schon mal: Er mag diese Massenveranstaltungen nicht. Auf Julias Pärchenabend ist doch auch nichts weiter gelaufen und da hat es dich nicht gestört.

Für heute, Sonntag, steht Familie auf dem Programm: Oma Doris hat uns alle auf die Burg Frankenstein eingeladen – zu einem mittelalterlichen Spektakel samt Rittermenü unter freiem Himmel. Leon übt schon den ganzen Morgen mit seinem Holzschwert fechten und fuchtelt wild mit seinem selbst gebastelten Schutzschild durch die Gegend.

„Das müsstest du heute noch machen", hat Mama vorhin lächelnd gemeint, bevor sie zu ihrer sonntäglichen Duschzeremonie im Badezimmer verschwunden ist. „Für Pistolen, Säbel und Schwerter hast du dich nie interessiert."

Vielleicht hat mir auch nie einer eine Waffe in die Hand gedrückt, denke ich bissig. Leon hat schon als Dreijähriger Ritter gespielt, später dann Power Ranger und James Bond, egal ob mit Wasserspritzpistolen oder diesen Faschingsgewehren, die mit den kleinen gelben Kügelchen geladen werden. Nicht, dass ich das typische Puppenmädchen gewesen wäre, aber tausend Matchboxautos oder eine komplette Lego-City auf 4 m², wie sie mein jüngerer Bruder sich aufbaut, hatte ich nie.

Auch wenn allerorten seit den 8oer-Jahren „Geschlechtergerechtigkeit" praktiziert wird und viele Jungs bewusst Puppen zum Spielen erhalten und Mädchen Werkbänke: Seit Neustem findet sich wieder eine deutliche visuelle Trennung in blaue Jungswelt und rosa Mädchenwelt: wilde Fußballkerle, Piraten, Abenteuerbücher auf der einen Seite, Baby Born, Lillifee und rosa Lego auf der anderen. Dabei war bis zum Beginn des 20. Jahrhunderts Rosa als das „kleine Rot" eine eindeutige Jungsfarbe (rot = Leidenschaft, Eros, Stärke), während Blau (von der Mutter Gottes kommend) die Farbe für kleine Mädchen war. So ändern sich die Zeiten ...

Papa kommt völlig abgehetzt und fertig vom Joggen. „Aber ich hab's durchgezogen", erzählt er sichtlich stolz. „Bin vor dem Michael oben gewesen, und das mit 160er-Puls in 55:32:03, so gut war ich noch nie."

Mama rollt nur die Augen. Dieses sonntägliche Geprahle geht ihr sichtlich auf die Nerven. Kein Wunder, denn Papa verausgabt sich innerhalb von 60 Minuten dermaßen, dass er für den restlichen Tag für nichts mehr zu gebrauchen ist und nur noch schlapp im Sessel abhängt. Aber dafür war er Erster, konnte sich vor seinen Kumpels Michael und Oliver beweisen und kann am Montag in der Firma erzählen, dass er vor Anstrengung kotzen musste.

Wenn unsere Jungs Sport machen, geht es auch immer nur ums Gewinnen, allen voran Yannis.

Das Hormon Testosteron ist verantwortlich dafür, dass Jungen bzw. Männer immer höher, immer schneller, immer weiter müssen. Das ist eine gute Eigenschaft! Aber wenn es übertrieben wird, erscheint dieses Gebaren lächerlich, nimmt groteske Züge an und man möchte ihnen am liebsten zurufen: „Relax! Entspanne dich! Du bist gut so, wie du bist, du musst nicht der Oberaffe von allen sein!"

Heute kann er sich leider nicht in seinem Lieblingssessel ver-
krümeln, schließlich müssen wir noch auf die Burg.

„Willst du dich nicht lieber schick machen und einen Rock
anziehen?", fragt mich meine Mutter, als ich in meiner Lieb-
lingsröhre startklar an der Tür stehe. „Bei der Hitze ..."

„Och nö, lass mal", winke ich ab und klettere schon mal in
unser Auto. Ich bin nicht so der Rockfan, das überlasse ich Julia
und Jolina, deren Kleiderschrank vor Minis und Kleidchen
überquillt.

Papa quält sich hinters Steuer unseres Family Vans, den er seit
Leons Geburt fahren muss, weil meine Mutter so ein großes
Auto praktischer findet. Leon plärrt, weil er seinen Säbel nicht
mitnehmen darf, und dann fahren wir endlich los. Wie verabredet, treffen wir Oma Doris vor dem Stand mit den Gewürzen
und Kräutern. Irene und Onkel Ösi sind ebenfalls gekommen,
meine Lieblingstante ist hellauf begeistert von den „allerley"
Kräutern und Gewürzen.

„Des is genau des Richtige für meine kleine Hexe", meint Onkel
Ösi liebevoll und spielt eindeutig auf Irenes naturheilkundlichen Gesundheitsfimmel an. „Vor fünfhundert Jahren hätt i di
vom Scheiterhaufen fischen müssen."

Weil sie unter anderem über alternati-
ve Heilmethoden verfügten, wurden
viele Frauen im Mittelalter der Hexerei
beschuldigt. In quälenden Prozessen unter schwerer Folter über-
führt, fanden sie einen qualvollen Tod.

In Lateinamerika, Südostasien und Afrika finden
bis heute Hexenverfolgungen statt. Hintergrund

dieses grausamen Tuns ist die Angst der Männer vor klugen Frauen. Denn „Wissen ist Macht" – und die Macht wollten und wollen die Männer kontrollieren. Noch heute wird das Wort „Hexe" manchmal synonym mit „Emanze" verwendet.

Doch Irene lacht nur und meint: „So ändern sich die Zeiten", während sie ein Beutelchen Chilischoten erwirbt. „Hilft bei Männerproblemen", lächelt sie mit Blick auf meinen sichtlich geschafften Vater, der sie fragend anschaut. Mama prustet laut los und ich denke: Und was hilft mir? Neugierig stöbere ich die Kräuter und Gewürze durch, ob nicht ein Yannis-Anti-Stumm-fischtee dabei ist, werde dann aber abgelenkt, weil Oma Doris jauchzend vom Nachbarstand aus mit ein paar roten Leder-schuhen zu uns herüberwedelt.

„Geh weida, herst", schnaubt Onkel Ösi, „wos wüst denn domit." Zielsicher nimmt er einen ledernen Gürtel vom Tisch. „Do. Fürs Trinkhorn, des kenn ma wenigstens brauchn."

Ich schaue verständnislos, aber da ist er schon beim nächsten Stand und begutachtet fachmännisch ein Trinkhorn nach dem anderen, bis er schließlich ein sehr langes mit Zinnrand und Gravur in den Händen hält. Stolz und ohne mit der Wimper zu zucken, zahlt er fast 50 Euro. Mein Vater schielt neidisch und ist gleich dabei, sich ebenfalls so ein Teil auszusuchen, natürlich ein noch größeres, was Irene mit einem „ob's der Größte ist, der's am längsten kann, von allen heute Nacht auch wirklich hält, was er verspricht ...", kopfschüttelnd quittiert.

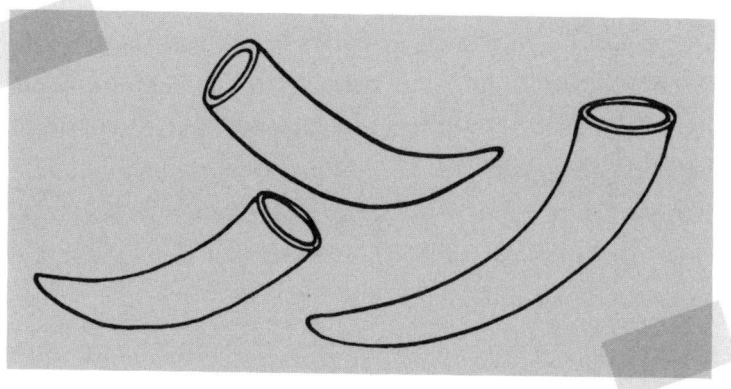

Größer, länger, besser ... da dämmert mir was. Wieso muss ich dabei an die Penisfuterrale der Papuastämme denken? Ob Trinkhorn oder Flaschenkürbis zum Umschnallen, es gibt ihn doch, den Penisneid. Und zwar unter Männern!!!

Ein Blick in die Politik zeigt: Mächtige und erfolgreiche Männer wie Silvio Berlusconi, Nicolas Sarkozy oder Bill Clinton haben einen außerordentlichen Sexualtrieb, den sie nicht verstecken. Offenbar hängen Sexualität und Machtbewusstsein eng zusammen.

Natürlich zwitschern die beiden Männer ab und lassen sich ihre Neuerwerbungen mit *Bärenfang* und *Drachenblut* füllen, während wir Damen von einem Stand zum nächsten bummeln und Leon im „Gesindezelt" Körbe flechten geht. So wirklich begeistern kann ich mich weder für die Filzpantoffeln noch für die handgetöpferten Salatschüsseln, die meiner Mutter so gut gefallen. Als ich die feilgebotenen Kleider begutachte und mir vorstelle, ich hätte seinerzeit so eine Miederweste mit Knebelverschluss über einer Bluse mit Trompetenärmeln tragen müssen, wird mir ganz anders. Im Mittelalter gab es eine strikte Kleiderordnung – die Recken in Tunika und Baumwollhosen, die Maiden in luftigen Gewändern, Stoffe und Schnitt natürlich gemäß der Standesordnung. Ich blicke an mir hinunter: Jeans und T-Shirt wie ich tragen heute Jungen *und* Mädchen, unvorstellbar für mich, dass das mal anders war und Mädchen Röcke und Kleider tragen *mussten*.

„Die Hosen anhaben" ist ein Ausdruck für „das Sagen haben". Früher trugen Männer wie Frauen Röcke, nur der männliche Adel favorisierte zunehmend das feine Beinkleid. Seit dem 17. Jahrhundert war das Tragen von Hosen ausschließlich Männern vorbehalten, lange Zeit war es für Frauen tabu, selbst 1970 galt in vielen Luxushotels noch Hosenverbot für Frauen. Ob Sekretärin, Lehrerin oder Bundeskanzlerin, heute trägt jede Frau Hosen, wann und wie sie es will.

**Tote Hose** = hier ist nichts los
**Die Hosen voll haben** = Angst haben
**Etwas ist in die Hose gegangen** = etwas ist schiefgegangen
**Die Hose runterlassen** = sagen, was Sache ist
**Sich auf den Hosenboden setzen** = sich richtig anstrengen

Als wir am frühen Abend völlig verschwitzt nach Hause kommen, springe ich erst mal unter die Dusche – und ziehe danach freiwillig ein Sommerkleid an.

Zugegebenermaßen: Bei diesen sommerlichen Temperaturen ist es doch angenehmer, sich die Luft um die nackten Beine wehen zu lassen.

Papa und Onkel Ösi sind immer noch auf der Burg. Sie waren aus dem kühlen Met-Gewölbekeller nicht wegzukriegen und so haben Mama und Irene kurzerhand das Unabhängigkeitsprogramm gestartet. Mit anderen Worten: Die beiden Männer können zusehen, wie sie nach Hause kommen, schließlich hat meine Mutter auch einen Autoschlüssel. Nachdem sie Oma Doris zu Hause abgeliefert haben, sitzen sie jetzt völlig relaxed auf unserer Terrasse, die Füße jeweils in einem kalten Eimer Wasser, und prosten sich kichernd mit Prosecco zu. Gerne würde ich mich dazusetzen und, neugierig wie ich bin, an diesem Weiberabend teilhaben. Leider habe ich jedoch Yannis versprochen, dass ich nachher noch bei ihm vorbeischaue. Und ich bereue es nicht: Wir verbringen einen entspannten Abend in der Hollywoodschaukel, futtern die Reste vom Feste und ich gebe kichernd meine Erlebnisse vom Mittelaltermarkt zum Besten. Doch als er mir beim Abschied (mit einem gaaanz zärtlichen Yannis-Kuss) eröffnet, dass er morgen keine Zeit für mich hat, weil er zu einer LAN-Party verabredet ist und ich da leider nicht mitkönne, weil das reine Jungensache sei, fällt mir alles aus dem Gesicht.

„Versteh doch, Sina, die anderen kommen auch ohne ihre Freundinnen, selbst Marco", versucht er, sich zu rechtfertigen, aber ich verstehe nicht, womit so eine beknackte Einstellung zu entschuldigen ist.

„So ein Quatsch!", fauche ich, „als ob wir Mädchen keine Ahnung von Computern hätten! Außerdem ... seit wann hat Sebastian eine Freundin? Jetzt sag bloß nicht ..."

„Jolina, was dachtest du denn?!" Yannis grinst mich an. Dann knufft er mich in die Seite. „Jetzt tu nicht so, als ob du scharf darauf wärst, *World of Warcraft* oder *Counterstrike* zu spielen", sagt er. „Computerspiele sind einfach nicht deins, gib's doch zu!"

Zähneknirschend muss ich ihm leider recht geben. Ich schreibe gerne am Computer, vor allem in meinem Online-Tagebuch, ich simse, maile und chatte – aber mit den Games habe ich es nicht so. Höchstens mal SingStar auf Julias Playstation finde ich ganz witzig. Aber eine ganze Nacht lang gemeinsam im Keller vor den Monitoren sitzen und gegeneinander rumballern?!

**Bin doch kein Egoshooter!**

Untersuchungen belegen, dass sich deutlich weniger Mädchen als Jungen für Computergames interessieren: Mädchen nutzen ihren Computer und das Internet lieber zum Mailen und Chatten, während Jungs häufig Sachinfos recherchieren und Spiele spielen; gerne auch in Gruppen, vernetzt wie auf LAN-Partys oder organisiert im Internet.

„Ehrlich, Sina, ihr Mädchen seid dann wieder nur am Quatschen und Kichern, während wir einfach nur dasitzen und in Ruhe spielen wollen. Und überhaupt, auf so einen dämlichen Pärchenabend kriegst du mich nie wieder", bricht es aus meinem Freund hervor. Yannis steckt die Hände in seine Boardershorts.

Obwohl ich ihm zustimme, muss ich erst mal einen fetten Kloß im Hals runterschlucken. „Heißt das, dass wir in Zukunft entweder nur allein zu zweit oder getrennt jeder für sich mit seinen Freunden was unternehmen?", frage ich leise.

Oh Mann, warum lass ich ihn nicht einfach?!

„Ja. Vor allem muss ich auch mal was alleine mit meinen Kumpels unternehmen können, ohne dass du mir gleich eine Szene machst." Yannis guckt jetzt sehr herb und sehr entschlossen.

„Jetzt ist mal gut, ja? Du tust gerade so, als ob ich dir tagtäglich auf der Pelle hänge!" Vor Empörung ist meine Stimme laut geworden.

„Na ja ..." Mein Freund zuckt mit den Schultern. „Seit wir zusammen sind, sehen wir uns täglich."

„Gut beobachtet. Schließlich gehen wir in die gleiche Klasse und sind zufällig Nachbarn", schnaube ich. Was hat der denn plötzlich für Anwandlungen? Als ob ich so ein Klammeräffchen wäre!

Dieses Klischee ist dir sicher schon mal begegnet: Jungs haben Angst vor einer festen Beziehung, Angst, sich zu binden. Doch die sogenannte Bindungsangst kommt bei Jungs wie Mädchen vor, traditionellerweise wird sie Mädchen nur weniger zugestanden, weil Jungs ihren „Freiheitsdrang" gerne öffentlich zelebrieren.

Meistens stecken hinter der Angst vor zu viel Nähe tiefe Enttäuschungen und Verletzungen. Bindungsängstliche Menschen verbinden mit Liebe und Nähe vor allem Schmerz, sie haben irgendwann

erfahren (müssen), dass Vertrauen, Nähe und Sich-gehen-Lassen mit Gefahr verknüpft ist. Diese negativen Erfahrungen sind meist in der Kindheit entstanden, durch Tod eines Elternteils, Missbrauch, Scheidung, aber auch durch ständiges Kritisieren, Überbehütung oder Überforderung. Wenn überhaupt, tritt Bindungsangst jedoch erst so richtig in fortgeschrittenen Beziehungen auf, wenn es eines Tages wirklich darum geht, sich für immer auf einen Partner festzulegen. Sie wird dir zu Beginn einer Freundschaft kaum begegnen.
Bindungsangst ist an folgenden Verhaltensweisen erkennbar:

· Häufig wechselnde Freunde bzw. Freundinnen.
· Hat keine Zukunftspläne.
· Kann sich nicht festlegen.
· Spricht nicht über Gefühle.
· Zieht sich unerwartet zurück.
· Besitzt eine übergroße Erwartungshaltung.
· Fühlt ein großes Sicherheitsbedürfnis.

Wenn du etwas liebst, lass es gehen.
Kommt es zurück, gehört es dir.
Kommt es nicht, hat es dir nie gehört ...

Dann füge ich selbstbewusst hinzu: „Früher haben wir uns auch fast täglich gesehen, da hast du dich nie eingeengt gefühlt. Also, wo ist jetzt der Unterschied?"
„Lass mir halt noch ein bisschen Zeit, ich gewöhn mich schon dran", sagt Yannis und kommt wieder einen Schritt auf mich zu. „Es ist halt alles so besonders geworden ..."
Ich verstehe zwar immer noch nicht genau, was er meint, genieße aber einen zweiten, superzärtlichen Yannis-Kuss und

verabschiede mich kurz darauf auf unser Grundstück, wo gerade mein Vater und Onkel Ösi mit einem Taxi vorgefahren kommen.

Männerabend! Dass ich nicht lache.

Am nächsten Morgen bequatsche ich mich erst mal ausgiebig mit Juri. Eigentlich will ich mich bei ihm ausheulen und mich über Yannis wegen dieses bescheuerten Computerabends beschweren. Doch Juri erklärt mir diesbezüglich genau das Gleiche wie Yannis („Das versteht ihr Mädchen nicht!" – „Da geht es nur um Computer, was willst du denn da?") – woraufhin ich entnervt auflege und Milli anrufe, um mich kurzerhand zu einem entspannten Whirlpool-Nachmittag einzuladen. „Wie wär's, wenn ich bei dir übernachte?", schlage ich ganz uneigennützig vor. „Und wenn Julia, Kleo und Jolina auch kommen?" „Geile Idee, wir machen eine Mitternachtsparty!" Sie ist sofort begeistert dabei. „Seit ich mit Marco zusammen bin, hatten wir keinen Mädelsabend mehr!" Offensichtlich haben sich die beiden noch nicht wieder richtig versöhnt, sonst wäre meine Freundin nicht Feuer und Flamme für eine knutschfreie Veranstaltung.

Und so kommt es, dass wir gemeinsam superfröhliche Stunden verbringen, neuste Schminktechniken à la Jolina ausprobieren, uns kringelig über Millis Sprüche lachen, eifrig bei Kleos Situps mitmachen (sie schafft 100, ungelogen, wenn das mein Vater wüsste!) und mit ihr gemeinsam von Mr Superstar träumen, Julia wegen Nicolas trösten und bis weit nach Mitternacht über Jungs, Jungs und noch mal Jungs quatschen.

Viele Jungs und Männer genießen es, wenn sie nichts sagen müssen. Vielleicht gehen Männer deshalb auch so gerne angeln: Im stillen Einverständnis schweigend nebeneinanderzusitzen, ist für sie absolut entspannend. Sie brauchen nicht viele Worte, um sich zu erklären – im Gegensatz zu Mädchen, die sich gerne ihre Probleme von der Seele quatschen, einfach so, ohne gleich eine Lösung dafür zu suchen. In ihrem Harmoniebedürfnis (Nesthüterin!) kommunizieren Mädchen meistens indirekt, sie sagen also nie genau, was sie denken, was sie fühlen, was sie meinen, sie vertrauen auf die Intuition. Das funktioniert bestens, solange nur Frauen im Raum sind. Jungs dagegen konzentrieren sich aufs Wesentliche, ihre Sätze sind kurz und direkt. Leider wirken sie deswegen auf Mädchen oft unhöflich und ignorant – dabei haben sie einfach nur andere Kommunikationsgewohnheiten.

Manche Hirnforscher behaupten, das läge an deren einseitiger Nutzung nur der linken Gehirnhälfte (= Sprachseite und rational) und der mangelhaften Vernetzung mit der rechten (= emotional). Andere Forschungsergebnisse zeigen keinen eklatanten Unterschied zwischen einem weiblichen und einem männlichen Gehirn. Bleibt die Frage: Entstehen die Unterschiede im Kommunikationsverhalten durch unterschiedliche Erziehung und gesellschaftsbedingte Rollenerwartungen oder liegt es womöglich nur am Testosteron?

Woran auch immer es liegt – wenn du die Unterschiede im Verhalten und in der Kommunikation zwischen den Geschlechtern einmal kapiert hast, fällt es dir sicher leichter, deinen Freund so zu akzeptieren, wie er ist – und im Zweifelsfall dich auch mal zurückzuhalten oder einfach mal zu schweigen. Umgekehrt sollte er auch Antennen dafür haben, wann du dir unbedingt etwas von der Seele quatschen musst.

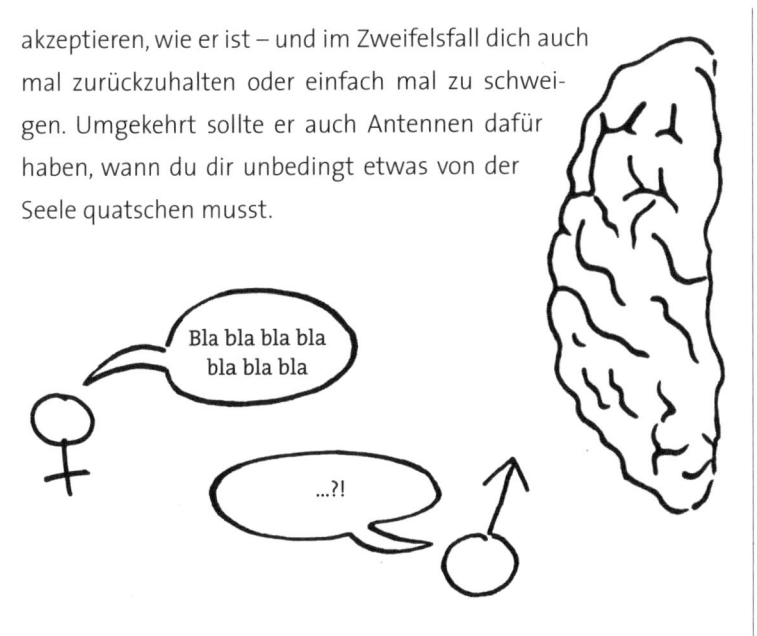

Worüber reden Jungs, wenn sie unter sich sind?

# Mein Papa und ich

Etwas Schreckliches ist passiert: Leon ist auf dem Nachhauseweg von einem Auto angefahren worden. Jetzt liegt er mit etlichen Knochenbrüchen und -prellungen im Krankenhaus, es besteht Verdacht auf einen Schädelbasisbruch. Meine Eltern sind natürlich außer sich vor Sorge, Mama weicht nicht von Leons Seite und Papa redet mit einem Arzt nach dem anderen. Und auch ich mache mir große Gedanken um den Stinker.

Großer Schwesterschwur: Wenn Leon wieder gesund hier ist, werde ich ihm nie mehr wieder das Nutellabrötchen klauen!

Yannis, von dem ich mich sofort nach der Unglücksnachricht trösten lassen wollte, hat nur abgewunken. „Mach dir keine Gedanken, der überlebt das schon." Typisch Junge, oder? Immer einen auf coolen Kerl machen und bloß nicht zugeben, dass sie auch einen Kloß im Hals haben, wenn sie an den kleinen verletzten Kerl denken. Aber wehe, sie haben selbst mal einen Kratzer ...

„Leon hat eh immer a Massl", meint Ösi. „Mach dir keine Sorgen."

„Na, hoffentlich ist er bis zu eurem Italienurlaub wieder fit", meint auch Irene lapidar. „Wie ich Leon kenne, steckt er das gut weg und schikaniert morgen wieder deine Mutter."

„Hoffentlich", antworte ich und trinke dankbar die selbst gemachte Zitronenlimo, die sie mir soeben hingestellt hat. Weil Mama über Nacht im Krankenhaus bleibt, hat Irene kurzerhand die Haushaltsführung übernommen, dabei bin ich längst kein Baby mehr und kann selbst Spaghetti kochen! Aber ich genieße es dann doch, mit ihr gemeinsam Erdbeertörtchen zu backen und von ihr eine Eins-a-Fußreflexzonenmassage zu bekommen.

Als Papa am Abend mit müden Augen nach Hause kommt, setzt er jedoch Irene mit klaren Worten vor die Tür. „Das ist ja sehr nett von dir, liebe Schwägerin, aber Sina und ich kommen schon alleine zurecht. Außerdem kann Sina bei der Gelegenheit schon mal lernen, was es heißt, eine Familie zu versorgen." Woraufhin nicht nur Irene mit den Augen rollt.

„Leon geht es den Umständen entsprechend gut, sein Zustand ist stabil", berichtet Papa dann. „Er ist mit einer schweren Gehirnerschütterung und einem gebrochenen Arm davongekommen. Wenn alles gut läuft, ist er zum Wochenende wieder zu Hause – und deine Mutter auch." Er zwinkert mir zu. „Und bis dahin machen wir beide es uns eben hier gemütlich, wirst schon sehen." Mit diesen Worten schnappt er sich eine Pulle Bier und ist für den restlichen Abend nicht mehr ansprechbar, obwohl ich noch tausend Leon-Fragen hätte und Oma Doris vor Sorge drei Mal hintereinander anruft.

Als ich am nächsten Morgen gegen die Mittagszeit – FERIEN!!!
KEIN MAMA-STAUBSAUGER!!! – runter in die Küche schlappe,
um in aller Seelenruhe mein Ferienfrühstück zu schlemmen,
trifft mich beinahe der Schlag: Auf dem Tisch liegt neben dem
krümeligen Frühstücksgeschirr ein Zettel, auf dem Papa akkurat eine To-do-Liste für mich hinterlassen hat.

Bitte sei so gut und erledige das, bevor Mama wiederkommt! Papa

- ☐ Fenster fertig putzen
- ☐ Bioeimer leeren (der müffelt schon ...)
- ☐ Leons Zimmer aufräumen und saugen
- ☐ Meine Hemden waschen (ich habe doch morgen diesen Vorstandstermin)
- ☐ Hemden bügeln (auch deswegen)
- ☐ Einkaufen (guck doch mal, ob was fehlt)
- ☐ Blumen gießen, auch auf der Terrasse (bei der Sonne vertrocknen die sonst alle)
- ☐ Rasen mähen (ich schaff das diese Woche einfach nicht mehr!)

„Ich habe Ferien, spinnt der?", platzt es aus mir heraus. Wie
kommt mein ansonsten emanzipierter Vater auf so eine spin-
nerte Steinzeit-Idee? Okay, natürlich, die Fenster-Aktion hat
Mama wegen Leons Unfall abbrechen müssen, jetzt sind die
Gardinen abgehängt und die Fensterbretter leer geräumt. Und
klar, Leons Zimmer aufräumen, damit der kleine Kamikaze-
pilot sich bei seiner Heimkehr wohlfühlt, kann ich auch machen. Aber gleich eine solche Liste??? Und überhaupt: Kann der
vielleicht sein Frühstücksgeschirr bitte selbst in die Spül-

maschine räumen? Und den Biomüll hätte er doch gleich mit rausnehmen können ...

Ich gieße mir auf den Schock hin erst mal ein Glas Orangensaft ein. Vor lauter Empörung würde ich am liebsten meine Mutter anrufen, aber die darf ja im Krankenhaus ihr Handy nicht anhaben. Also rufe ich Milli an, die sich noch total verschlafen meine Desperate-Housewife-Story anhören muss.

„Vielleicht dachte er, du machst das deiner Mutter zuliebe, schließlich bleibt ja jetzt einiges liegen", meint sie und gähnt ausgiebig in den Hörer.

„Als ob das jetzt so wichtig ist", schnaube ich. „Was sind saubere Fenster gegen Leons fröhliches Lachen, hä?" Plötzlich verspüre ich schreckliche Sehnsucht nach meinem kleinen Bruder, auch wenn er mir ansonsten das Leben schwer macht. „Mamas Idee war das bestimmt nicht, die hat garantiert andere Sorgen als eine saubere Wohnung!"

„Das ist halt typisch Mann", sagt Milli cool und ich höre, wie sie ins Klo pinkelt. „Die müssen sich mit sachlich-pragmatischen Dingen von ihren Emotionen ablenken, weil sie Angst haben, dass es sie sonst aufsaugt." Im Hintergrund rauscht jetzt die Klospülung.

„Ach ja?!", mache ich schlau. „Warst du in Therapie oder woher hast du diese tollen Erkenntnisse?"

„Stell dir vor: ja", antwortet meine Freundin schlicht. „Und zwar gemeinsam mit meiner Mutter, weil wir beide nicht damit klarkommen, dass Paps so viel arbeitet und immer nur seine Firma im Kopf hat. Und bevor die sich scheiden lassen ..." Plötzlich klingt ihre Stimme gar nicht mehr verschlafen. „Sina, das ist alles so kompliziert ... glaube mir, sei froh, dass dein Vater sich für all diese Dinge interessiert. Meiner tut es nämlich überhaupt nicht, dem ist es glatt egal ..."

Täusche ich mich oder weint meine Freundin? Bevor ich etwas sagen oder weiter nachfragen kann, hat Milli bereits aufgelegt. Soll ich noch mal anrufen? Vielleicht später ... Dass Milli Stress mit ihrem Vater hat, hätte ich ja nie gedacht, sie hat nie viel von ihm erzählt. Nachdenklich kaue ich an meinem Nutellabrötchen.

> Na prima, und mein Papa ist arbeiten wie immer, Mama hält im Krankenhaus Leons Patschehändchen und ich soll hier das Hausmädchen geben? Wäre doch bloß Irene dageblieben!

Gründlich, wie das nun mal meine Art ist, studiere ich die Liste dann genauer und überlege, was wirklich wichtig ist. Ein Blick in den Kühlschrank sagt mir, dass das Einkaufen erledigt ist. Und im Wäschekeller finde ich auf der Leine noch drei saubere Hemden, die – Glück gehabt! – bügelfrei sind ... aber der Rest ... also gut, wenn es denn sein muss. Dann tue ich es eben Mama zuliebe! Seufzend binde ich mir ein Tuch in die Haare und klemme mein Handy ans Ohr, auf diese Weise kann ich wenigstens beim Fensterputzen telefonieren. Während ich dann der Reihe nach mit Juri, Kleo, Jolina und Billa die neuesten News austausche, schrubbe ich erst die Fenster, dann Leons Zimmer auf Hochglanz, entstaube seine Lego-City und räume die Teile sogar in den Schrank, um sämtliche Kekskrümel, verklebte Gummibärchen und Sockenflusen besser wegwischen zu können. Schließlich beziehe ich noch sein Bett mit frisch duftender Wilde-Kerle-Bettwäsche und lege ihm einen sauberen Schlafanzug unters Kopfkissen.

## Von wegen Desperate Housewife!

Am Nachmittag, als ich gerade alle Blumen gegossen und an den Margeriten sogar die verwelkten Blüten abgeschnitten habe, kommt Mama völlig fertig aus dem Krankenhaus, um sich kurz zu duschen und umzuziehen. Stirnrunzelnd bemerkt sie meine hausfraulichen Aktivitäten, verkneift sich aber glücklicherweise jedweden Kommentar.

Das will ich ihr ja auch mal geraten haben, die Sache mit den Fenstern hat mich immerhin zwei Stunden meines Lebens gekostet – und streifenfrei sind die immer noch nicht! Doch desperate?!

„Leon geht es immer besser", verkündet sie strahlend, nachdem sie gut duftend und im sommerlichen Leinenanzug aus dem Bad kommt. Dankbar greift sie nach dem *Latte macchiato*, den ich ihr draußen auf der Terrasse neben den Liegestuhl serviert habe. „Wenn alles gut geht, darf er übermorgen wieder nach Hause – und ich auch!" Sie nimmt einen tiefen Schluck und grinst mich an. „Gott sei Dank."

Eine warme Welle durchflutet mich. Seit Mama Leon hat, ist unser Verhältnis nicht das beste und vor allem in der letzten Zeit liegen wir uns ständig wegen jedem Scheiß in den Haaren. Aber sie merkt genau, was ich tue, und vor allem: Dass ich etwas tue. Für sie.

„Mmh, der ist aber lecker!", meint sie und leckt sich den Milchschaum von den Lippen. „Wusste gar nicht, dass du so gut Kaffee kochen kannst, du trinkst doch wohl selbst nicht ..."

„Nee, nee, das hat mir Irene gestern verraten!", beeile ich mich zu sagen. In Wahrheit war meine Tante völlig entsetzt über Mamas teure Kaffeepad-Maschine, aus der fertiger „Latte" rauskommt. Noch schlimmer fand sie allerdings, dass unter dieses Gerät keine normale Tasse passt ... also hat sie aus den Tiefen unseres Küchenschranks eine Uralt-Cafetera herausgefischt, frischen Espresso-Kaffee hineingelöffelt, einen Topf Milch aufgesetzt und voilà, den wohl leckersten Milchkaffee aller Zeiten zubereitet, wie Mama jetzt bestätigt.

„Kommst du klar?", fragt sie dann mit einem prüfenden Blick. „Ich meine, das ist ja nicht gerade ein schöner Ferienbeginn. Wir wollten eigentlich an den Steinrodsee und am Donnerstag mit Oma Doris nach Heidelberg ..."

„Ach, macht nichts", winke ich ab. „Hier ist es auch ganz schön, morgen gehe ich mit Yannis ins Schwimmbad, das ist doch sowieso viel besser." Und das meine ich ehrlich, Baggerseen sind nicht so mein Ding. Aus unerklärlichen Gründen habe ich wahnsinnigen Schiss vor diesen Gewässern, außerdem finde ich sie unglaublich trübe und algig, mal abgesehen von den unzähligen ekligen Spannern, die hinter jedem Busch lauern.

„Mit Yannis, soso ..." Wieder ein prüfender Mama-Blick, der aber dank Leon so erschöpft ist, dass sie keine Lust hat, weiter auf meinem neuen Freund herumzuhacken. Stattdessen springt sie erschrocken auf. „Ach je, schon so spät", ruft sie mit einem Blick auf die Uhr, „Leon wird schon alle tyrannisieren."

Ich grinse sie breit an. „Dann ist ja alles gut!", lache ich und vor Erleichterung umarmen wir uns beide ganz fest.

„Du hast recht, meine Große", flüstert mir Mama ins Ohr. „Alles wird gut." Dann ist sie weg. Und ich genieße einen ausgesprochen grandiosen Vorteil des Hausfrauendaseins: Freie Zeiteinteilung, was ich heute nicht geschafft habe, verschiebe ich getrost auf morgen. Ich schnappe mir den restlichen Milchkaffee (muss ja mal mein Gebräu probieren), Mamas Liegestuhl und lege mich im Bikini in die Sonne. Schließlich habe ich Ferien!!!

Abends dann kommt Papa spät nach Hause. Er war nach der Arbeit natürlich noch bei Leon und erzählt mir jetzt, wie mein kleiner Bruder die ganze Station mit seinen kleinen und großen Wehwehchen in Atem hält, mal drückt der Verband, mal schmerzt der Kopf, der Bauch, das Bein, mal hat er Durst, dann wieder Hunger ... Ich denke mir meinen Teil und bin sehr froh, denn offensichtlich ist Leon ganz wieder der alte Nervzwerg der mutierten Art – wie ich es eben von meinem verwöhnten Stinker gewohnt bin.

Aber anstatt dass Papa lobend meine heutigen Aktivitäten anerkennt – außer Bettenmachen, Blumengießen und Fensterputzen habe ich beim Computer das Antivirus-Programm laufen lassen, die Tastatur gereinigt, ein Backup gemacht und einen Ordner für unsere Logins angelegt – merkt er nur kritisch an, dass ich ja wohl vergessen hätte, ein Update des Betriebssystems zu machen und die Benutzerdateien zu sichern.

Typisch!

Immer hat er was zu meckern, immer sieht er, was ich NICHT gemacht habe. Von Anerkennungskultur hat der noch nie etwas gehört!

Väter haben ein besonderes Verhältnis zu ihren Töchtern – und umgekehrt. Es gibt durchaus immer noch Väter, die mit ihren kleinen Mädchen nichts anfangen können und kaum auf deren Bedürfnisse eingehen. Alten Rollenklischees verhaftet, entwickeln sie weder „Antennen" noch Spielideen und haben falsche Erwartungshaltungen an ihre Töchter. Andere Väter sehen in ihrer Tochter eine „kleine Frau", eine bewundernswerte Prinzessin, die sie vergöttern und anhimmeln. Das kann dann sogar manchmal zu Eifersuchtsgefühlen seitens der Mutter führen. Es ist für Väter nicht einfach, sich auf die Bedürfnisse ihrer Töchter einzustellen, die richtige Erwartungshaltung zu entwickeln und Töchter auf gesunde Art zu motivieren und zu fördern – aber immer mehr Väter bekommen das heutzutage ganz gut hin.

Ich finde das voll ungerecht und gemein: Ich bin total gut in der Schule und gebe ständig mein Bestes, spiele ziemlich gut Gitarre und Basketball, kümmere mich um wichtige Dinge wie zum Beispiel unseren Computer und niemals – wirklich niemals – kommt ein Lob von meinem Vater. Außer es ist der totale Knaller, wie zum Beispiel die Eins für mein Französisch(!)-Referat – das ich seinerzeit dank seiner Hilfe perfekt gehalten habe.

Ich habe das Gefühl, ich kann machen, was ich will, es ist niemals gut genug. Neidisch denke ich an Julia, deren Vater seine „kleine Prinzessin" regelrecht vergöttert. Auf unserem Schulfest saß sie sogar zeitweise auf seinem Schoß und hat sich von ihm mit kleinen Eispralinen füttern lassen. „Ich bin halt sein Sternchen", hat sie kokettierend gesagt und dabei unter ihrem schrägen Pony Nicolas angeblinzelt, ihren Prinzen.

Und was bin ich für Papa?

Seit Neustem seine Putzfrau?!

Damit auch du das mit deinem Vater besser geregelt bekommst, beantworte folgende Fragen und kreuze deine Antwort an.

Finde heraus, welcher Tochter-Typ du bist. Wenn du deinen Standpunkt kennst, fällt es dir leichter, in Diskussionen mit ihm zu bestehen und bestimmte Verhaltensmuster zu erkennen. Und mach dir klar: Dein Vater liebt dich so oder so, WEIL du seine Tochter bist, auch wenn er es vielleicht nicht so gut zeigen oder gar sagen kann. Wenn du mehr über dich weißt, kannst du vielleicht in Zukunft Missverständnisse vermeiden.

**1. Du hast beim Physik-Forschungsprojekt als bestes Mädchen abgeschnitten. Wie wichtig ist das für dich?**

**A** Peinlich, mit all den Freaks auf ein Foto.

**B** Sehr, schließlich denken immer alle, wir Mädchen hätten keine Ahnung.

**C** Sehr und in den anderen Fächern bin ich erst recht die Beste.

**2. Es gilt, das Schulfest mitzuorganisieren. Was machst du?**

**A** Ich mache mich hübsch, vielleicht tanze ich bei der Aufführung mit.

**B** Ich bin im Orga-Team, stehe vorne auf der Bühne und moderiere den Abend.

**C** Da halte ich mich raus, sollen die anderen machen.

**3.** Tante Frieda hat zum traditionellen Familienfest eingeladen. Wie verhältst du dich?

**A** Ich habe keine Lust, trotzdem mache ich gute Miene.

**B** Ich versuche, durch eine besondere Show-Einlage das Beste daraus zu machen.

**C** Ich bleibe zu Hause.

**4.** Kino, Klamotten, Eiscafé – dein Taschengeld reicht vorne und hinten nicht. Wie besserst du deine Kasse auf?

**A** Brauche ich nicht, ich bekomme viele Extras, kein Problem.

**B** Das regle ich schon, ich mache mir einen Sparplan, suche mir einen Nebenjob.

**C** Da muss ich halt mehr Taschengeld bekommen.

**5.** Dein Fahrrad ist kaputt. Was passiert?

**A** Ich frage meinen Vater oder Bruder, ob sie es reparieren.

**B** Ich flicke es selbst, kein Thema.

**C** Ich nehme einfach ein anderes Fahrrad.

**6.** Du sollst ein Referat vor der Klasse halten. Wie bereitest du dich vor?

**A** Ich überlege, was ich anziehe, um am besten zu wirken.

**B** Ich arbeite es perfekt aus und übe den Vortrag.

**C** Ich mache es halt irgendwie, wird schon schiefgehen.

**7.** Du streitest dich mit deiner Mutter. Wie?

**A** Ihr schreit und brüllt und heult und knallt die Türen.

**B** Du diskutierst, bis deine Argumente gewonnen haben.

**C** Ohne Worte, die nervt. Du gehst einfach auf dein Zimmer.

*Auswertung:*

Mädchen reagieren auf ihre Väter je nach Veranlagung und Erziehung ganz unterschiedlich, aber immer geht es darum, ihre Aufmerksamkeit und Anerkennung zu erlangen. Nur die Mechanismen sind unterschiedlich. Zähl nach, wie oft du oben A, B oder C angekreuzt hast, und finde heraus, wie es bei dir ist.

**A** Du bist eine Gefalltochter. Wie eine „typische Frau" setzt du alles daran, durch dein gestyltes Äußeres und Artigkeiten deinem Vater (und später anderen Männern) zu gefallen. Indem du dich „typisch" weiblich verhältst, gibst du dich unselbstständiger, als du wirklich bist. Probiere mal aus, wie es ist, wenn du mehr Eigenverantwortung für dich übernimmst. Das wird dein Vater garantiert mögen.

**B** Du bist eine Leistungstochter. Du imitierst „typisch männliche" Verhaltensweisen und denkst, dass du nur Anerkennung und Lob von deinem Vater (und später von anderen Männern) erhältst, wenn du eine besondere Leistung erbringst und dich ähnlich rational und stark wie ein Kerl verhältst. Lob, Leistung und Anerkennung sind elementar für dich, nicht zuletzt, weil es dir dein Vater vorlebt. Setze dich weniger unter Druck, du wirst auch geliebt, wenn du „nur" gut bist und auch mal deine schwachen Seiten zeigst.

**C** Du bist die Trotztochter und suchst jede Gelegenheit, um deinem Vater zu zeigen, dass du Dinge anders erledigst als er. Ständig musst du widersprechen, nur so hast du das Gefühl, von ihm (und später von anderen Männern) wahrgenommen und geachtet zu werden. Probiere, kompromissbereiter zu sein, das ist viel weniger anstrengend. Auch wenn du leise bist, bist du da.

Enttäuscht verkrümle ich mich auf mein Zimmer, wo ich mich wütend auf mein Bett schmeiße. Soll mein Vater doch zusehen, wo er bleibt. Gerade, als ich an Yannis eine SMS wegen morgen tippe, kommt er zur Tür rein.

„Äh, Sina, tut mir leid wegen gerade eben ...", sagt Papa. Er guckt ganz zerknirscht. „Du hast das alles ganz prima gemacht, ich weiß doch, dass ich mich auf dich verlassen kann." Plötzlich hält er in seiner Dankesrede inne. Ich folge seinem Blick und bemerke Yannis' Badehose auf dem Boden, die ich noch in meiner Tasche vom letzten Schwimmbadbesuch hatte.

„Ja, schon klar." Peinlich! Ich tue so normal wie möglich. Was denkt er jetzt bloß?

Prompt legt Papa los. „Also, äh, was machst du denn so den ganzen Tag?" Er versucht krampfhaft, seinen Blick von der Badehose abzuwenden, die zu allem Übel wie eilig ausgezogen daliegt. Dabei ist das alles nur Zufall, weil ich vorhin in meinem Aufräumwahn meine Taschen sortiert habe.

„Was? Wie?"

„Na ja, ich meine, wo du doch hier sozusagen sturmfreie Bude hast und, äh, Yannis, und so, du weißt schon." Verlegen guckt er mich an und setzt sich auf meinen Schreibtischstuhl.

„Ach so." Ich laufe knallrot an. Was soll ich dazu jetzt sagen? Er erwartet doch wohl nicht ernsthaft eine Antwort?

Dass Erwachsene immer nur an das eine denken! Immer nur Sex, Sex, Sex, als ob wir keine anderen Sorgen hätten!

„Ich habe hier heute gewirbelt, wenn es dir nicht aufgefallen ist!", fauche ich, weil ich nicht weiß, was ich sonst sagen soll.

Dass ich einen knallroten Rücken von meiner Sonnenpause habe, verschweige ich lieber. „Und morgen bin ich mit meinem Freund verabredet. Im Schwimmbad, weil Mama ja keine Zeit hat", füge ich vorwurfsvoll hinzu. Sollen sie ruhig merken, dass sie ZWEI Kinder haben, nicht nur Lieblings-Leon.

„Mmh, also, das mit Yannis ... seid ihr nicht ein bisschen jung dafür?" Papa starrt angestrengt aus dem Fenster.

„Äh, wofür? Um alleine ins Schwimmbad zu gehen?" Himmel, hat der sie noch alle? Was hat er denn plötzlich?

„Nein, also, für so eine enge Bindung ... ihr habt noch so viel Zeit!", meint er.

„Also Papa, was denkst du denn, ich will den doch nicht heiraten!" Kopfschüttelnd gucke ich zu meinem Vater, der mir immer noch nicht in die Augen schauen kann.

„Sina, ich weiß nicht, wie ich es sagen soll, ich meine, ich war ja auch mal jung und hatte eine Freundin ... manchmal gehen die Gefühle mit einem durch und man lässt sich auf Sachen ein, die ... äh ... Und wenn du jetzt schon ein Kind ... Ist sich Yannis seiner Verantwortung bewusst?" Jetzt blickt mich Papa voll an. Und ich ihn. Ich merke, wie ich mich innerlich voll aufrichte. Noch nie war ich, seit ich in dieser *plöden,* pickeligen Pubertät bin, so klar.

„Selbstverständlich", antworte ich mit fester Stimme. „Im Übrigen bin ICH verantwortlich für MICH, dessen kannst du dir versichert sein. Und ich werde nur das tun, was ICH will."

Sex, Sex, Sex. Wenn der wüsste, dass Yannis und ich gerade mal das Zungenküssen entdeckt haben und ansonsten voll schüchtern sind ...

„Dann ist ja gut, nichts anderes wollte ich hören." Papas Stimme ist die Erleichterung anzuhören. „Dann schlaf gut, meine Große." Er drückt mir einen Kuss auf die Wange. „Gute Nacht!"
Kein Danke.

Am nächsten Morgen weckt mich Kleo. Sie steht um halb acht in ihren schwarzen Sportklamotten vor unserer Haustür, Ambra wie immer im Schlepptau.
„Oh Mann, wo brennt's denn, wir haben Ferien", maule ich sie an, während sie in unseren Flur stürmt.
„Geht's Leon wieder besser?", fragt sie. Und ohne eine Antwort abzuwarten, fügt sie hinzu: „Ich muss dir unbedingt etwas erzählen."
Mit einem Schlag bin ich hellwach. Wenn Kleo am frühen Morgen freiwillig zu mir kommt, um mit mir zu reden, muss es wirklich wichtig sein.
„Du hattest ein heißes Date mit Mr Superstar?", platze ich heraus und schenke uns beiden einen Multivitaminsaft ein. „Erzähl ...?!"
„Du bist blöd, Sina, als ob es immer nur um Liebe ginge ..." Empört guckt mich meine ehemals beste Freundin an.

### Sex, Sex, Sex ...

„Sorry", murmle ich. „Ich dachte nur ..." Kleo ist aber auch empfindsam seit Neustem.
„Schon okay. Ich geh dann mal wieder." Kleo ist aufgesprungen und tätschelt Ambra den Kopf. „Komm, meine Gute, dann klären wir das eben alleine."

„Jetzt bleib doch." Ich stehe ebenfalls auf und stelle mich in die Tür. „Tut mir leid. Aber das mit Yannis ..."

„... ist etwas ganz Besonderes, ich weiß, und du wünschtest, ich könnte das verstehen und wäre ebenfalls so verliebt wie du." Kleo blinzelt mich an. „Schon vergessen? Wir waren mal beste Freundinnen." Sie verzieht bitter den Mund.

Betreten schüttele ich den Kopf. Was soll ich sonst sagen? Ich lege die Hand auf ihre Schulter und drücke sie sanft auf den Stuhl zurück. „Und genau deswegen erzählst du mir jetzt, weshalb du in aller Herrgottsfrühe in den Ferien hier bist."

Seufzend nimmt Kleo wieder Platz, Ambra legt ihr den Kopf in den Schoß.

„Magst du was frühstücken? Nutellabrötchen? Müsli? Honigtoast?" Vor Verlegenheit decke ich den Tisch mit allen möglichen leckeren Sachen und metere auf, was unser Kühlschrank hergibt. Während ich mir ein fettes Ferienbrötchen schmiere, rührt Kleo nichts an. Nachdem sie eine Tasse Kräutertee in sich reingeschlürft hat und ich es fast nicht mehr aushalte, fängt sie endlich an zu reden. Erzählt mir, dass ihr Vater gestern unvermutet nach Hause gekommen ist, weil er sich eine gefährliche Tropenkrankheit eingefangen hat. Kleos Vater ist Kapitän auf so einem riesigen Übersee-Kreuzfahrtschiff und oft Monate nicht zu Hause, eigentlich lebt ihre Mutter wie alleinerziehend und Kleo kennt ihren Vater nur von Weihnachten. Kein Wunder, dass Frau Kleinschmidt da so überbehütend reagiert und voll auf ihre Tochter fixiert ist.

„Wird er wieder gesund?", frage ich nach dem ersten Schock, weil ich denke, dass es das ist, was Kleo bewegt. Allmählich reicht es mir ja mit Krankheitsgeschichten.

„Ja, klar", winkt sie ab. „Er muss irgendwelche speziellen Medikamente nehmen, sich viel ausruhen und regelmäßig ans Tropeninstitut zum Blutwertechecken. Das Schlimmste hat er bereits hinter sich."

„Na dann ..."

„Mensch, Sina, verstehst du nicht, mein Vater ist da und tut plötzlich so, als sei alles ganz normal! Will mit mir über Schule und Jungs reden, fragt mich nach meinen Hobbys, kümmert sich um Ambra ... als ob er niemals weg gewesen wäre, als ob er sich nicht jahrelang keinen Meter um mich gekümmert hätte." Ihre Augen glitzern, aber Kleo weint nicht. Nicht vor mir. Ich bin mir noch nicht einmal sicher, ob sie es überhaupt jemals tut.

Weil ich Zeit zum Nachdenken brauche, schmiere ich mir ein weiteres Nutellabrötchen, obwohl mir bereits das erste wie ein Stein im Magen liegt.

„Versetze dich doch mal in meine Lage, Sina! Was erwartet der denn von mir?" Kleos Stimme ist laut geworden, so kenne ich sie gar nicht. Selbst Ambra ist nervös aufgesprungen.

„Die Frage ist nicht, was er von dir erwartet, die Frage ist: Wie geht es dir damit? Und was erwartest du von ihm?" Dankbar für diese Eingebung, nicke ich ihr aufmunternd zu. „Klar muss es für dich ein doofes Gefühl sein, dass er mit einem Mal alles nachholen will, was er in all den Jahren versäumt hat."

„Aber das kann er knicken, nicht mit mir!" Trotzig schiebt Kleo die Unterlippe vor. Sie schielt dabei nach meinem Brötchen, das sehe ich genau. Möglichst unauffällig schiebe ich ihr den Teller hin und gieße ihr Kräutertee nach. Aber sie rührt nichts an.

„Für ihn ist es bestimmt auch nicht leicht ..." Ich erinnere mich innerlich grinsend an das Gespräch mit Papa gestern Abend, der sich bestimmt tausendmal Mut zusprechen musste, um das Gespräch über Yannis fortzuführen.

„Aber für mich, ja? Soll ich meinen armen Vater trösten, dass er immer tausend Kilometer weit weg von uns arbeiten muss, oder was?" Kleo schüttelt ihren Kopf, dass ihre blonden Korkenzieherlocken wippen. „Nee, das kann niemand von mir erwarten. Ich mach mein Ding ohne ihn, die Ferien über bin ich sowieso mit Ambra im Ferien-Camp. Da kann er sich also bestens erholen. Er wird mich ja wohl kaum vermissen!" Und mit diesen Worten springt sie auf, küsst mich mit einem flüchtigen „Danke" auf die Wange und verschwindet durch die offene Terrassentür Richtung Gartenzaun.

Kopfschüttelnd blicke ich ihr hinterher. Der Appetit auf Nutellabrötchen ist mir gründlich vergangen.

In den Medien und in unserer Gesellschaft spielt die Mutter eine große Rolle, allerorten wird das Verhalten von „Rabenmüttern" oder „Übermüttern" ausführlich diskutiert. Selten ist die Rede von „Rabenvätern", von den abwesenden Vätern, die de facto nicht an der Erziehung und am Alltag ihrer Kinder teilnehmen – weil sie mehr als 10 Stunden täglich arbeiten (müssen), weil sie sich von der Mutter ihrer Kinder getrennt haben, weil sie sich nicht verantwortlich fühlen, weil ... Dabei sind Väter für ihre Kinder genauso wichtig wie die Mutter. Für Jungs, weil diese sich in ihnen spiegeln können, für Mädchen, weil diese von ihrem Vater gegengeschlechtliche Anerkennung erfahren: Je selbstverständlicher ein Vater seine Tochter in dem bestätigt, wie sie ist, desto mehr Selbstbewusstsein kann sie entwickeln, desto weniger wird sie von der Bestätigung durch männliche Blicke abhängig sein. Wendet sich ein Vater von seiner Tochter ab, kann es sein, dass das Mädchen ihr Leben lang auf der Suche nach Anerkennung ist und alles dafür tun möchte, um „seine" Aufmerksamkeit (also die Aufmerksamkeit eines Mannes) zu erlangen. Wie gesagt: Die frühen Liebeserfahrungen prägen einen Menschen sein Leben lang.

Bevor ich mit Yannis ins Schwimmbad abzwitschere, widme ich mich noch einmal gründlich der Hausarbeit. Ich tue es für Mama, für Papa – und für mich, weil ich mich ein bisschen verantwortlich dafür fühle, dass hier alles in Ordnung ist. Nachdem ich gelüftet und die Betten gemacht, das Bad geputzt und die Spülmaschine (nach meinen Regeln!) eingeräumt habe, staube ich noch im Wohnzimmer das Sideboard ab. Dabei fällt mir ein Foto in die Hände, das mich als kleiner Dreikäsehoch mit einem Lolli auf den Schultern meines Vaters zeigt. Ich muss damals fünf Jahre alt gewesen sein, rechne ich zurück, an dieses Kirschkleidchen kann ich mich noch gut erinnern.

Sofort habe ich den Lolli-Geschmack von damals auf der Zunge, an diesem Tag habe ich Fahrrad fahren gelernt. Ohne Stützräder! Papa war tierisch stolz auf mich und hat mir ein gigantisch großes Erdbeereis bei Antonio spendiert. Und ich erinnere mich noch, dass Mama damals total stinkig war, warum, weiß ich nicht. Irgendwie war sie sauer auf alles: darauf, dass ich von zu viel Eis Bauchweh hatte, darauf, dass mein Kleidchen mit Fahrradöl verschmiert war (weil wir natürlich mein kleines Puky-Rad tunen mussten) und, und, und ... Aber egal, mein Vater war an diesem Tag MEIN Held.

„Wenn ich groß bin, heirate ich meinen Papi" – das sagen ganz viele kleine Mädchen und sind tatsächlich ein wenig in ihren eigenen Vater verliebt – eben als ersten Mann, den sie bewusst wahrnehmen. Später löst sich das wieder auf, sie würden dann nie wieder sagen: „Wenn ich groß bin, heirate ich ..." Manchmal klappt das Auflösen der Vaterbindung nicht oder die Bindung war nie da oder ist sonst wie gestört. Dann kann es Probleme geben, denn wir Menschen werden in der Kindheit durch die Beziehung zu unseren Eltern geprägt. Ungelöste Konflikte mit dem Vater (oder der Mutter) werden dann auf den späteren Partner projiziert und ausgetragen. Das muss aber nicht so bleiben: In der Erkenntnis liegt der Gewinn, die Möglichkeit der Lösung und Veränderung.

Nachdenklich betrachte ich unsere anderen Familienfotos: Mama mit Baby-Leon auf dem Arm, ganz weich und glücklich. Ich an meinem elften Geburtstag – noch ohne Pickel, mit Zahnspange. Paul in schwarzer Lederkluft, auf seiner Harley. Papa stolz beim Angeln letzten Sommer auf einer Hochseejacht an der Nordsee. Von Papa und Leon gibt es kein Bild.

Ich habe ganz schön Glück mit meinem Vater, denke ich. Auch wenn er mich mit seiner pingeligen Art nervt und ich nur die Augen rollen kann, wenn er seinen Frischkäse ganz akkurat auf seinem Brot verstreicht und die Kresse genauestens darüberstreut – wenn es aber darauf ankommt, ist er für mich da. Und auch, wenn ich das Gefühl habe, dass ich immer etwas Besonderes leisten muss, um von ihm anerkannt zu sein, weiß ich, dass er tierisch stolz auf mich ist. Ganz anders als bei Kleo, deren Vater sie gar nicht kennt. Oder Milli, deren Vater die Firma wichtiger ist als die eigene Familie.

Das Klingeln an der Haustür reißt mich aus meinen Gedanken. Yannis! Den hätte ich vor lauter Familiengesülze beinahe vergessen. Rasch wische ich mir meine Augen trocken, dann hechte ich zur Tür. Doch statt Yannis lehnt sein Bruder Malte lässig an unserem Türrahmen.

„Hey, Sina, habt ihr in eurem perfekten Haushalt noch ein paar Eier übrig?" Er fasst sich mit einer unverhohlenen Geste in den Schritt und ich denke: Blöd, wenn einem sein Geschlecht ständig außen herumbaumelt und MANN sich ständig versichern muss, dass es noch da ist … Nee, darauf muss ich nicht neidisch sein.

Der Psychoanalytiker Sigmund Freud (1856–1939) unterstellt in einer seiner Theorien, dass Frauen ab dem Kindergartenalter die Jungen und Männer unbewusst um ihren Penis beneiden. Damit schien lange Zeit das Minderwertigkeitsgefühl der Frau in einer patriarchalisch strukturierten Gesellschaft wissenschaftlich un-

termauert. Inzwischen gilt der Begriff „Penisneid" als veraltet, zumal es sich inzwischen selbst bis zu den Männern herumgesprochen hat, dass Frauen ebenfalls über ein sehr potentes Sexualorgan verfügen: die Klitoris.

„Logisch", antworte ich so cool wie möglich. Malte soll bloß nicht merken, dass er mich immer wieder aus dem Konzept bringt. Ganz früher mal war ich total in ihn verknallt, weil er einfach irre gut aussieht und einem lauter nette Komplimente macht, bei denen du einfach schwach wirst. Aber dann habe ich mitgekriegt, dass er das bei jeder macht und ständig neue Freundinnen hat – weshalb er jetzt garantiert auch die Eier braucht. Wer weiß, wen er mit seinen Kochkünsten beeindrucken will.

„Yannis kommt auch gleich, der steht noch im Bad und stylt sich … nur für dich!" Während ich mich in den Kühlschrank bücke, spüre ich seinen Blick auf meinem Hintern. „Schöne Aussicht heute Morgen …"

Peinlich, ich habe ja immer noch mein Schlafshirt an …

„Hier, lass gut sein!" Ich drücke ihm vier Eier in die Hand. „Reicht das?"

Grinsend jongliert er zu Tür. „Worauf du einen lassen kannst, Süße! Mein kleiner Bruder ist echt ein Glückspilz! Hoffentlich weiß er, was er an dir hat."

„Lass Sina in Ruhe, okay!" Wie aus dem Nichts steht Yannis plötzlich in unserem Vorgarten und blickt Malte finster an. Skeptisch mustert er meinen Aufzug, während sich Malte unverhohlen einen abgrinst.

Wow, so eine Reaktion hätte ich Yannis
ja fast nicht zugetraut!
Mein HELD!

„Ich sag ja, geil ..." Malte macht eine eindeutige Geste betreffend meiner Oberweite, die sich natürlich klein, fein und unschuldig unter meinem Schlafshirt abzeichnet.

Und um ihn zu ärgern, küsse ich Yannis zur Begrüßung mit dem innigsten, intensivsten Kuss, den du dir vorstellen kannst, während ich meinen Freund in unseren Flur ziehe und unter Maltes amüsierten Blicken die Haustür schließe.

„Hey, Sina ..." Yannis schiebt mich verdutzt ein Stück von sich weg. „Alles okay? Was wollte Malte von dir? Bist du startklar fürs Schwimmbad?"

„Ja – nichts – nein! Ein bisschen viele Fragen auf einmal, findest du nicht?" Und bevor Yannis wieder blöd gucken kann, verschwinde ich, immer zwei Stufen auf einmal nehmend, Richtung Badezimmer, wo ich ausgiebig meine Morgentoilette nachhole.

Wenn Yannis jetzt reinkommt und mich nackt unter der Dusche sieht ... wir sind ganz allein, wir könnten jetzt alles tun. Sex, Sex, Sex.

Als ich eine halbe Stunde später luftig duftig die Stufen hinunterkomme, hockt Yannis mit verschränkten Armen in unserer Küche. Ich will mich auf seinen Schoß schieben, um ihn noch ein bisschen zu küssen.

„Wir könnten auch hierbleiben ...", flüstere ich in sein Ohr und zwirble eine seiner dunklen Haarsträhnen.

Doch Yannis wehrt mich ab. „Komm, wir sind eh zu spät, die anderen warten schon!" Eilig springt er auf, nimmt meine Hand und zieht mich zur Tür. „Hast du alles?"

Und hier draußen, vor den Augen sämtlicher Nachbarn und einem Malte, der auf der Terrasse sitzend genüsslich sein Rührei verspeist, während ihn eine Blondine von der Seite anhimmelt, zieht er mich in seine Arme und küsst mich, als ob er nie etwas anderes getan hätte.

Versteh einer die Jungs!

# Mein Bruder und ich

Am Abend vor Leons Heimkehr brutzelt Papa eine leckere Fischpfanne für uns beide. Er hat bei seinem Lieblingsfischhändler eine besonders feine Dorade ergattert und schnippelt jetzt vergnügt Knoblauch, Tomaten, Paprika und diverse Kräuter klein. Wenn Mama da ist, kocht er selten mehr als ein Spiegelei – was ich gut verstehen kann, denn ihre skeptischen Blicke und kritischen Anmerkungen können dem besten Koch den Brei verderben. Zur Feier des Tages hat er eine Flasche Rotwein aufgemacht und auch mir ein Gläschen eingeschenkt.

„Musst es ja nicht deiner Mutter sagen ...", meint er verschwörerisch. „Aber nicht, dass du denkst, dass wäre die offizielle Erlaubnis. Wenn trinken, dann bitte hier unter meiner Aufsicht!" Woraufhin er sein Glas halb leer zieht.

Ich grinse und nippe, ich kann nicht behaupten, dass mir dieses dunkelrote Zeugs besonders gut schmeckt. Viel besser finde ich den knusprigen Fisch, den mir mein Vater jetzt auf der Terrasse serviert. Wenn Mama wüsste, dass ihr Mann so ein toller Koch ist!

Warum sind viele Profiköche Männer?!

**Antwort 1:** Weil Frauen täglich für ihre Familie kochen müssen und keine Lust haben, daraus auch noch einen Beruf zu machen; und selbst Hobbys machen nur Spaß, wenn sie keine lästige Pflicht sind.

**Antwort 2:** Weil die Ausbildung körperlich hart ist und die Arbeitszeiten in der Gastronomie nicht familienfreundlich sind.

**Antwort 3:** Weil sie Spaß daran haben.

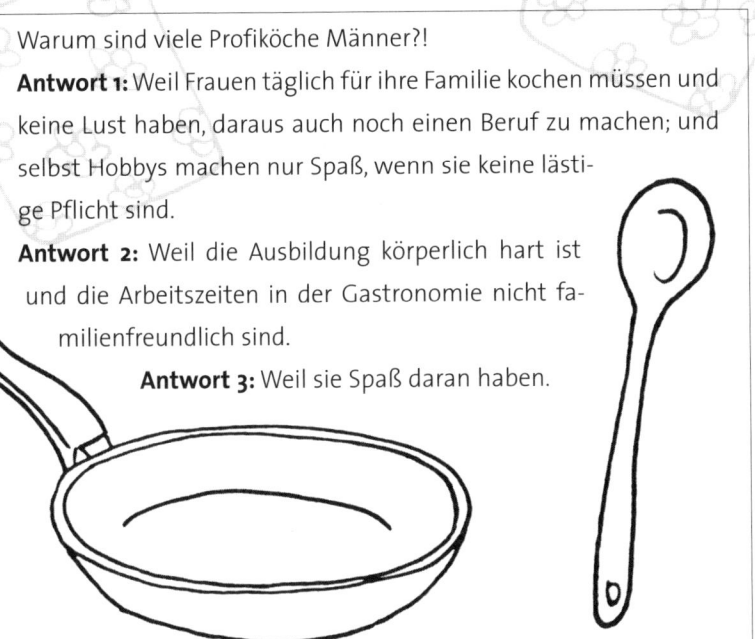

Es ist beinahe Mitternacht, als wir endlich schlafen gehen. Papa erzählt die ganze Zeit über von früher, als er ein kleiner Junge war. Ich weiß nicht, wie wir darauf kommen, wahrscheinlich, weil wir über Leon geredet haben und dass er ständig an Mamas Rockzipfel hängt.

„Ich war auch ein richtiges Muttersöhnchen", meint er grinsend. „Habe mich nichts getraut, ständig wurde ich von den anderen gehänselt deswegen. Oft haben sie mich auf dem Nachhauseweg verkloppt, mir den Ranzen weggenommen ... Das hat sich erst geändert, als ich deine Mutter kennengelernt habe." Interessiert horche ich auf. Die Love Story meiner Eltern kenne ich nur als Mama-Version. Demnach war es Liebe auf den ersten Blick.

> Eigentlich habe ich mir das auch immer so erträumt:
> Ich sehe einen Jungen und weiß sofort, dass ich ihn für immer
> liebe und er mich. Und dann war es mit Yannis so ganz anders.
> Da war es Liebe auf den zweiten Blick ...

„Meine Mutter, deine Oma Erika, war fürchterlich eifersüchtig und hat Andrea drangsaliert, wo sie nur konnte. Sie konnte es einfach nicht akzeptieren, dass Andrea bereits einen Sohn hatte und ich in ‚so eine' verliebt war. Ständig rief sie an, wenn ich mit ihr zusammen war, ständig gab es bei ihr etwas zu reparieren, zu helfen, zu organisieren. Sie war ja nach dem frühen Tod meines Vaters alleine – und ich hatte ein schlechtes Gewissen und bin immer geflitzt, wenn sie gerufen hat." Seufzend nimmt er einen tiefen Schluck.

„So ist sie ja noch heute", rutscht es mir raus. Wir Kinder haben zu unserer anderen Oma kein besonders gutes Verhältnis und sehen sie selten. Sie ist so überfürsorglich und will immer alles ganz genau wissen, das ertrage ich kaum. Und Mama sowieso nicht. Zum Glück wohnen wir weit genug weg. „Und was passierte dann?", bohre ich nach. Hört sich nach einem handfesten Liebesdrama an. Neugierig beuge ich mich vor, um in der Dunkelheit über das Windlicht hinweg Papa besser sehen zu können.

„Dann? Na ja ..." Mein Vater lehnt sich entspannt zurück. „Dann hat sie uns sozusagen in flagranti erwischt, kam einfach mit ihrem Schlüssel in meine Wohnung." Er kichert. „Das war der Moment, in dem ich kapiert habe, dass ich meine Mutter nun wirklich nicht mehr brauche."

94

„Und Mama?" Zum Glück ist es dunkel und er kann nicht sehen, dass ich knallrot angelaufen bin. Meine Eltern im Bett, daran will ich gar nicht denken, die Vorstellung ist fürchterlich. Und dann noch die eigene Mutter, die zur Tür reinplatzt. PEINLICH!

Kommt Stefanie deswegen ständig unter irgendeinem Vorwand zu Yannis rein, wenn ich da bin? Ich verstehe ...

„Andrea? Die war völlig außer sich, ist nackt, wie sie nun mal war, aufgesprungen und hat meiner Mutter gehörig die Meinung gegeigt. Später hat sie mich etwas sehr Wichtiges gefragt: Entweder sie oder ich?! Na, und wie ich mich entschieden habe, weißt du ja. Ich habe es nicht bereut ..." Er trinkt sein Glas aus und checkt die Flasche, die mittlerweile leer getrunken ist. Ich grinse in mich hinein bei der Vorstellung, wie meine Mutter stinksauer und splitterfasernackt vor Oma Erika steht. Davon hat sie mir nie erzählt!

Für eine Weile schweigen wir uns an und ich muss an Yannis denken, der manchmal unsere Verabredungen absagt, weil seine Mutter für ihn besondere Aufgaben hat, die er dringend erledigen muss – Rasen mähen, sie auf den Recyclinghof begleiten, Johannisbeeren ernten, pünktlich zum Abendessen sein. Oliver ist durch seinen Bereitschaftsdienst oft nicht zu Hause und bei Malte hat sie wohl wegen seiner Weibergeschichten aufgegeben. Da muss halt Yannis ran ...

„Aufräumen tun wir morgen", gähnt mein Vater mit Blick auf die Uhr. „Das ist ja alles fix gemacht, oder?" Verschlafen (oder ist es vom Rotwein?!) grinst er mich an. „Gute Nacht, meine Große!"

Natürlich verschlafen wir am nächsten Morgen und natürlich schaffen wir es nicht, den Fischgestank samt verbrutzelter Pfanne klarzukriegen. Und natürlich ist Mama erst mal voll angesäuert, als sie nach Hause kommt und überall dreckiges Geschirr und Klamotten herumfliegen sieht.

„Die ganze Zeit über war hier alles supersauber", verteidige ich mich. „Es ist nur ..."

„Schon okay, Sina, ich hätte wirklich etwas anderes von dir erwartet! Ich hoffe, ihr hattet einen netten Abend, während ich im Krankenhaus ausharren musste." Mama reißt die Fenster auf und ist schon dabei, mit geübten Griffen die Spülmaschine einzuräumen.

---

Ein interessantes Phänomen, das häufig zu beobachten ist: Je mehr Frauen in einem Haushalt leben, desto größer scheint die Konkurrenz um den einzigen Mann im Haus (sprich Vater bzw. Gatte) zu sein. Bewusst oder unbewusst sucht jede seine Aufmerksamkeit und die Anerkennung, die eine durch Leistung, die andere durch Äußerlichkeiten, die andere durch Provokation. Das gelernte Muster überträgt sich später auf andere Beziehungen: Das Konkurrenzdenken mancher Mädchen und Frauen untereinander mag hier einen Ursprung haben.

---

Na, dann geht's Leon wieder gut, denke ich bitter, wenn sie sich wieder ohne Wenn und Aber in ihre hausfraulichen Aktivitäten stürzen kann. Just in diesem Moment ertönt ein durchdringendes Geheule in meine schwesterlichen Ohren. Nein, nicht schon wieder!, ist alles, was ich denken kann. Noch bevor ich einen Fuß auf die Treppe setzen kann, ist Mama schon an mir vorbeigestürmt.

„Was ist passiert?", frage ich atemlos, als ich keine Schreckse-
kunde später in Leons Zimmer stehe. Mein kleiner Bruder sitzt
mit seinem Gipsarm auf dem Spielzeugteppich und heult wie
ein Kojote. Mama versucht, ihn vergeblich zu trösten, doch er
schreit sich völlig weg.

„Meine Lego-Citiiiiiiiiiiiiii", ist alles, was ich irgendwann heraus-
hören kann. Ah, daher weht der Wind! Also öffne ich den
Schrank und deute auf seine heiß geliebten Plastiksteine.

„Hier, alles da: Frachtschiff, Überwachungswagen, Bagger ..."

„Sina, was hast du dir nur dabei gedacht?", fährt mich meine
Mutter an, die Leon mittlerweile mit tausend kleinen Küsschen
ins Haar beruhigen konnte. Vorwurfsvoll funkelt sie mich an.

„Du kannst doch nicht einfach in seinem Zimmer machen, was
du willst!" Sie fummelt ein Taschentuch aus ihrer Rocktasche
und putzt Leon die Tränen ab. „Komm, mein Kleiner, wollen
wir das gemeinsam wieder aufbauen? Und nachher mal zu
Toys fahren, nachschauen, ob es diesen Raupenkran gibt?"

„Au ja!!!" Leon strahlt übers ganze Gesicht und kuschelt sich
dankbar an sie. „Und bekomme ich auch den Helikopter von
der Küstenwache?"

„Mal sehen ..." Mama drückt Leon noch mal feste an sich – und
ich muss gleich kotzen. Wie kann sie nur so ungerecht sein!
Kann sie mich vielleicht mal fragen, *warum* ich dieses beknackte Lego in den Schrank geräumt habe? Warum sämtliche Fenster funkeln und keine Dreckwäsche in der Kiste liegt? Warum
im Garten das Unkraut gezupft und die Hütte gestrichen ist?
Nee, auf die Idee kommt sie gar nicht, immer nur Leon, Leon,
Leon. Und wenn der piepst, lässt sie alles stehen und liegen. So
wie mich jetzt. Oh, wie rast die Wut in mir – ich schnappe mir

mein Fahrrad und radle an den Main wie eine Bekloppte, um dieses unerträgliche Mama-Leon-Gesülze aus mir herauszustrampeln.

Neben deinem Vater ist dein Bruder der erste „Mann" in deinem Leben. Egal, ob älter oder jünger, dein Verhältnis zu ihm prägt dich dabei mehr, als du dir vorstellen kannst: Lässt du dich von deinem großen Bruder gerne trösten? Erwartest du von ihm Unterstützung? Bewunderst du seine Größe und Stärke? Oder kümmerst du dich um deinen kleinen Bruder? Übernimmst du Verantwortung für ihn? Oft ist es so, dass Geschwisterbeziehungen (egal, ob du eine Schwester oder einen Bruder hast) auf spätere Beziehungen übertragen werden: Frage mal in deinem familiären Umfeld nach, welche ältere Schwester einen jüngeren Bruder geheiratet, welche jüngere Schwester sich einen älteren Bruder als Mann gesucht hat.

Später dann kommt Leon zu mir ins Zimmer (natürlich ohne vorher anzuklopfen) und hält mir sein grünes Frachtflugzeug unter die Nase.

„Schau mal, da geht eine Klappe auf", meint er und lässt einen ausgetüftelten Mechanismus aufschnappen. „Und da habe ich was versteckt." Mit wichtiger Miene fummelt er zwei Fünfzigeuroscheine heraus und hält mir einen davon vor die Nase. „Hier, der ist für dich, weil du den Baukran entstaubt hast, ohne ihn kaputt zu machen", meint er freimütig und ich sage: „Das kann ich nicht annehmen, das ist dein Geburtstagsgeld von Oma Doris." Rechne mir aber schon insgeheim aus, wie viele Vintage-Tops ich mir davon leisten kann.

„Nee, schon okay, ich hab ja noch einen", sagt Leon entschieden und drückt mir den Schein in die Hand.

„Na, wenn du meinst ..." Dankbar grinse ich ihn an und wuschele durch sein Haar. Ulkig, wie schnell der umschalten kann.

„Aber nicht Mama sagen, das versteht die nicht."

„Logisch." Und schon fliegt er mit seinem Flieger ab.

Natürlich hat es Mama dann doch mitgekriegt, weil Leon ihr immer alles erzählt. Aber da hatte ich längst mein Top erstanden und leider, leider den Kassenbon verloren.

Ich finde das nur einen gerechten Ausgleich zu Mamas Meckerattacken und Leons Extrabonus, den er im Spielzeugladen in Form von Lego erhalten hat!

Die nächsten Tage sind leontechnisch gesehen die Hölle: Das Mamasöhnchen kann keinen Schritt ohne Mama. Klar ist er gehandicapt durch seinen Gips, aber er geht weder alleine aufs Klo, noch isst und spielt er alleine (es ist sein linker Arm ...). Mit unglaublicher Geduld ist Mama an seiner Seite, liebt, herzt, liebkost ihn ohne Ende und mein kleiner Bruder genießt es sichtlich, so verwöhnt zu werden. Und nachts kriecht er dann mit schöner Regelmäßigkeit zu meinen Eltern ins Bett – woraufhin mein Vater sein Söhnchen mit schöner Regelmäßigkeit zurückverfrachtet, was wiederum zu dramatischen Szenen mitten in der Nacht führt, wenn Leon ohrenbetäubend laut klarzumachen versucht, dass sein Platz an Mamas Seite ist.

Zur Erinnerung: Leon ist sieben!!!

Manche Jungs kommen von ihren Müttern nicht los – und manche Mütter nicht von ihren Söhnen: Bewusst oder unbewusst werden

Windel- und Stillzeit verlängert, beide können sich aus ihrer engen Beziehung zueinander nicht lösen. Meistens legt sich das im Laufe der Zeit, doch wie Mädchen einen Vaterkomplex ausbilden, können Jungs unter einem Mutterkomplex leiden: Aus Angst vor zu viel Nähe verweigern sie sich später einer engen Beziehung.

Als dann aber Oma Doris zu Besuch kommt und Leons heiß geliebte Schokosahnetorte mitbringt, die sie ihrem armen kleinen Liebling löffelweise verfüttert, streiche ich die Segel und haue ab, obwohl mir Mama mit den Worten „Du kannst ruhig auch mal was tun!" aufgetragen hatte, Bettwäsche zu bügeln.
Da Yannis übers Wochenende mit seinem Vater und Malte zum Zelten ist (Männertour!), klingle ich bei Milli in der Hoffnung auf einen entspannten Freundinnentag. Doch die ist völlig genervt am Packen, weil sie morgen auf die Seychellen fliegt.

**Dieses Luxusproblem hätte ich auch gerne!!!**

„Am liebsten würde ich hierbleiben", faucht sie und wirft achtlos ihren Edelbikini in den Hartschalenkoffer. „Ich habe so was von null Bock auf dieses Familientheater! Ausgerechnet jetzt, wo ich mich mit Marco wieder versöhnt habe und es so schön mit uns ist wie nie ..." Sie zwinkert mir verschwörerisch zu.
„Freu dich doch, Sonne, Strand, Palmen ..." Ich bin total neidisch, wenn ich an diese Traumstrände in der Südsee denke. Stattdessen fliegen wir in zwei Wochen nach Sizilien, weil Papa von seinen Kollegen eine Open-Air-Inszenierung vom „Ödipus" im Antiken Theater in Taormina geschenkt bekommen hat.

„Was nützen mir die Palmen, wenn mein Vater die ganze Zeit über rumgockelt und nervt", meint sie. „Du hast ja keine Ahnung, was für eine Show der am Pool abzieht oder wie er mit den Angestellten flirtet." Sie schüttelt sich angeekelt. „Das ist voll peinlich, wenn er sich unter einem Baldachin von so einer Südseeschönheit massieren lässt, das kannst du dir gar nicht vorstellen."

Ich stelle mir lieber vor, wie ich mit einem Fruchtcocktail cool am Pool abhänge ... aber Papa würde das garantiert nicht akzeptieren, sondern mich zum Riff-Schnorcheln überreden, um später mit mir wahlweise Hochseeangeln oder Katamaransurfen auszuprobieren.

„Aber da gibt es doch garantiert tolle Ausflüge, die du machen kannst, oder?", frage ich dann auch meine genervte Freundin.

„Ist doch voll langweilig, immer nur am Pool abzuhängen."

„Du wieder!" Milli winkt grinsend ab. „Logisch machen wir Sport, da sind geile Tennisanlagen und Golfplätze ... aber ich würde lieber ohne meinen Vater hin."

Ratlos gucke ich sie an, scheinbar hat das therapeutische Familiengespräch nicht gefruchtet. Oder soll das jetzt eine Versöhnungsreise werden?

„Mama würde auch am liebsten ohne ihn fliegen", sagt Milli jetzt. „Aber er hat seinen *Goldstücken* nun mal die Reise geschenkt ..." Sie macht das Kotzzeichen, pfeffert ihre Swinggal-Ballerinas in den Koffer und drückt ihn zu. Dann seufzt sie. „Und Marco werde ich tierisch vermissen. Hoffentlich bleibt er mir treu! Gestern hat er so eine blöde Bemerkung gemacht, dass er sich in der Zwischenzeit ja mit Melanie trösten könnte."

Ich kichere los. „Das hat er wirklich gesagt? Na, dann weißt du doch, dass du nichts zu befürchten hast." Melanie ist unsere üppig entwickelte Mitschülerin, die nur wegen ihrer Oberweite bei den Jungs beliebt ist.

Auch, wenn ich manchmal denke, mein Busen könnte größer sein, ich möchte NIE, dass mich Jungs nur deswegen toll finden.

Um Milli aufzumuntern, lade ich sie zu einem Abschiedseis ein, aber selbst angesichts des fetten Schokobechers, den ihr Antonio senior wie immer charmant lächelnd hinstellt, will sich bei Milli keine bessere Laune einstellen – und meine friert eisig wie der Vanilleshake vor mir auf dem Tisch, weil ich unfreiwillig Zeugin werde, wie Deniz aus der Oberstufe seine Schwester Baslah aus meiner Parallelklasse mit klaren Worten aus dem Eiscafé zerrt, wo sie sich offensichtlich mit Malte getroffen hatte. Doch der macht keine Anstalten einzugreifen, der Feigling.

Andere Länder, andere Vorstellungen dessen, was Ehre bedeutet: Während in stark religiös geprägten Kulturen Ehre etwas ist, was dem Menschen von Gott gegeben ist und zu verteidigen gilt, herrscht bei uns die Vorstellung, dass man sich Ehre erst „verdienen" muss. Das hat etwas mit den monarchischen Strukturen zu tun, die lange Zeit in Europa vorherrschten und uns nachhaltig geprägt haben. Nach wie vor gilt: Erst durch herausragende Arbeit und besondere Leistung wird man ausgezeichnet und „ehrbar".

Vor diesem Hintergrund erklärt sich, warum manche (nicht nur) ausländische Mitbürger so sehr darauf bedacht sind, ihre Ehre zu verteidigen. Ehrlos zu sein, ist das Schlimmste, was zum Beispiel einer streng katholischen Familie passieren kann, wenn ihre Tochter ein uneheliches Kind erwartet. Auch manch türkisches Mädchen wird bei ihren Dates mitunter von Onkel oder Bruder streng „bewacht", denn ihre Ehre ist auch die Ehre der gesamten Familie.

Yannis hätte etwas unternommen, fährt es mir durch den Kopf, der hätte die arme Baslah nicht so einfach ihrem Familienschicksal überlassen – wenn ihm wirklich etwas an ihr liegen würde. Und Paul auch, aber der streitet sich sowieso gerne mit jedem, der eine andere Meinung hat als er, und diskutiert das endlos aus. Meine Mutter hat er damit echt fertiggemacht, ich erinnere mich noch an viele unschöne Szenen, in denen die beiden endlos gestritten haben: Über Sinn und Zweck von Höflichkeit, über Sinn und Zweck von Verantwortung, über Sinn und Zweck von Hausaufgaben ... ihr Verhältnis hat sich erst gebessert, als Paul zu seinem Vater in die WG gezogen ist und die beiden sich seitdem nicht mehr so oft sehen. Mir fehlt

Pauls kompromisslose Art manchmal, er war immer so klar und musste nie grübeln so wie ich. Gestritten haben wir nie.

Der Tag endet auch nicht besser, als mich Mama am Abend mit einer sauertöpfischen Miene Marke Spreewaldgurke empfängt. „Schon okay, ich gehe noch einkaufen, hab's nicht vergessen ", beeile ich mich zu sagen.

Was habe ich ihr eigentlich getan?!
Warum lässt sie ihre schlechte Laune nicht an Leon aus?!

„Musst du nicht, Sina", antwortet sie matt. „Darum geht es nicht."
„Ach ja, worum denn dann?" Kopfschüttelnd schaue ich sie an.
„Dann erkläre es mir bitte, ich verstehe es nicht."
„Ach, Sina … das verstehst du nicht …" Müde reibt sie sich die Augen.
„Hast du … hast du Krach mit Papa?", argwöhne ich. Gestern Abend habe ich die beiden noch endlos diskutieren hören und offensichtlich ist er noch nicht von der Arbeit zu Hause.
„So ähnlich." Sie grinst mich unglücklich an. Dann hellt sich ihr Gesicht mit einem Schlag auf, als ob sie eine gute Idee gehabt hätte. „Komm, wir setzen uns auf die Terrasse und quatschen, das haben wir Ewigkeiten nicht mehr gemacht." Sie schnappt sich eine Prosecco-Flasche aus dem Kühlschrank und ich will schon sagen, ich bin nicht Tante Irene, da nimmt sie noch den Orangensaft mit.
„Holst du Gläser?" Mama setzt sich in ihrem Liegestuhl zurecht und sieht jetzt schon etwas entspannter aus. Ich ahne: Das hier wird ein Frauengespräch!

„Und jetzt erzähl, wie läuft das mit dir und Yannis?", legt sie unvermittelt los. Von Sauersein keine Spur mehr!

Wieso wollen die immer alles ganz genau wissen?

„Der ist übers Wochenende zum Zelten", sage ich, „Männerurlaub."

„Kommt mir bekannt vor", grinst Mama und nimmt einen tiefen Schluck Prosecco. „Papa hat Leon eingesammelt und ist mit ihm zu Oma Erika gefahren. Das ist zwar nur ein halber Männerurlaub, aber immerhin ohne mich. Und eigentlich ...", sie trinkt noch mal, „eigentlich fühlt sich das ganz gut an, ohne Leon ist es richtig ruhig hier. Obwohl ich ihn jetzt schon vermisse ..."

„WAS? Papa ist mit Leon alleine verreist? Zu Oma Erika?" Fassungslos gucke ich meine Mutter an. „Wie kommt er denn auf diese beknackte Idee? Warum ist er nicht mit Oliver und den Jungs los, das wäre wenigstens ein richtiges Abenteuer!"

„Na, Abenteuer hat er so auch. Du glaubst ja wohl nicht, dass Leon freiwillig in das Auto gestiegen ist?" Sie rollt amüsiert die Augen. „Aber dein Vater hatte Leons Faxen dicke und war der Meinung, nur konsequentes Handeln würde jetzt noch helfen. Also hat er ihn hart, aber herzlich aus den Muttifängen befreit und sorgt endlich, endlich für eine stabile Vater-Sohn-Beziehung." Sie gießt sich so schwungvoll nach, dass das Glas überschäumt.

„Echt?" Ich kann es immer noch kaum glauben. Seit Leon auf der Welt ist, hat Papa ein merkwürdig distanziertes Verhältnis zu ihm. Wann immer er ihn auf den Arm genommen hat und trösten wollte – immer schrie Leon wie am Spieß, immer war sofort Mama zur Stelle und hat eingegriffen. Und so ging es dann weiter: Papa durfte Leon nicht vorlesen, nicht in die Kita bringen, nicht baden ... und Papa hat auch nie etwas dagegen unternommen, sondern meiner Mutter einfach das Feld überlassen.

„Mit dir war er ganz anders, Sina", erzählt Mama jetzt, als ob sie meine Gedanken erraten hätte. „Bei deiner Geburt war er dabei, ganz nah. Hat die Nabelschnur durchtrennt, geholfen, dich zu wiegen und anzuziehen. Die erste Nacht hast du sogar auf seinem Bauch verbracht, weil ich zu müde war. Ihr hattet schon immer ein besonders enges Verhältnis ..." Nachdenklich schwenkt sie ihren Prosecco.

Eine warme Welle durchflutet mich, wenn ich an Papa denke. Das war eine schöne Zeit, als wir gemeinsam durch den Wald streiften, er mit mir auf dem Main hat Schiffchen fahren lassen oder wir zur Eintracht ins Stadion gegangen sind. Als Leon dann auf die Welt kam, hat das von einem Tag auf den anderen aufgehört. Papa wurde befördert, arbeitete zehn Stunden am Tag und hatte am Wochenende schlechte Laune.

„Und dann kam Leon ...", sage ich.

„Ja, mit Leon wurde alles anders", seufzt Mama. „Eigentlich war er nicht geplant, ich hatte ja zwei Kinder und war froh, dass Paul und du so groß und vernünftig wart. Dein Vater wollte eigentlich auch kein zweites Kind."

So langsam wird mir alles klar: Paul, der ausgezogen ist, als er volljährig wurde, Papa, der sich zurückgezogen hat, als Leon da war.

## Und ich?!

„Gestern Abend wurde uns plötzlich bewusst, dass wir beinahe einen Riesenfehler gemacht hätten. Ich hoffe, es ist noch nicht zu spät ..." Noch ein Schluck Prosecco. „Mal sehen, wie Leon heute Nacht schläft!" Verschmitzt grinst mich meine Mutter an. „Ich werde auf alle Fälle tief und fest schlafen wie seit Jahren nicht mehr!"

Kein Wunder, liebe Mama; wenn du hier die ganze Flasche plattmachst, würde ich auch schnarchen wie ein Murmeltier. Aber das sage ich lieber nicht. Stattdessen bitte ich sie, mir noch ein bisschen von Leons Geburt zu erzählen. Damals war ich nämlich noch keine sieben Jahre alt, gerade mal eingeschult – und tierisch genervt, weil da plötzlich so ein Schreimonster war und niemand mehr Zeit hatte, sich um mich zu kümmern.

„Aber Sina, die Geschichten kennst du doch alle!" Mama leert schwungvoll den Rest der Flasche in ihr Glas, fängt dann aber an zu erzählen: „Leon hatte diese Dreimonatskoliken und schrie ständig wie am Spieß. Weil du dich nicht konzentrieren konntest, bist du sogar einmal ausgebüxt und hast deine Hausaufgaben drüben bei Dietrichs in der Hollywoodschaukel gemacht. Wir haben dich erst nach Ewigkeiten gefunden ... Ein andermal hast du eine komplizierte Schalldämpfer-Anlage ausgetüftelt, mit der du beinahe Leon erstickt hättest ... und einmal hast du ihn im Kinderwagen dermaßen durchgeschaukelt, dass er seine gesamte Milchmahlzeit von sich gegeben hat."

Grinsend lehne ich mich zurück. Diese Story ist meine liebste! Leon hatte die nervige Angewohnheit, stundenlang am Busen zu nuckeln und auf diese Weise Mama komplett zu okkupieren. Und das war dann meine Rache. Mama war damals tierisch sauer – und Leon roch von oben bis unten nach saurer Milch. Daraufhin kam Oma Doris für ein paar Wochen zu uns ins Haus und verwöhnte ausnahmsweise mal mich. Bis ich mich an ihren Schinkennudeln überfressen hatte ...

„Mit Papa und Leon hat das von Anfang an nicht besonders gut geklappt. Zur Geburt kam Matthias völlig abgehetzt vom Flughafen, dann gab es Komplikationen und sie haben ihn kurzerhand aus dem Kreißsaal verbannt. Er hat Leon erst gesehen, als er gewogen und angezogen war." Mama lehnt sich seufzend zurück. „Und zu allem Übel konnte er nicht bei uns bleiben, sondern musste in die Firma zurück, weil ein Prototyp aus Versehen an die Konkurrenz ausgeliefert worden ist, was ein Mitarbeiter aus seiner Abteilung zu verantworten hatte ... Später ließ sich Leon weder von Matthias beruhigen noch füttern noch wickeln. Die beiden hatten einfach keinen guten Draht."

Was steht auf deiner „Liebeskarte"? Schreibe auf, welche positiven, welche negativen Erfahrungen du in Bezug auf Liebe, Zuneigung, Zuwendung, Aufmerksamkeit, Anerkennung gemacht hast. Und vor allem: Welche bei wem? Die Liebe deiner Mutter erlebst du sicher anders als die deines Vaters, deiner Schwester, deiner Tante, deines Opas ... Denke daran: Täglich kommen neue Beziehungs- bzw. Liebeserfahrungen hinzu, die die Geschichten auf deiner Liebeskarte umschreiben und ergänzen.

Gedankenverloren spiele mich mit dem Windlicht. Kein Wunder, dass Papa und ich so ein enges Verhältnis haben, wenn Mama so sehr mit Leon verbunden ist. Aber ob das den beiden guttut? Tut es *mir* gut, dass meine Mutter mich ab einem bestimmten Alter nicht mehr bemuttert hat? Andererseits: Wenn es darauf ankam, war sie immer an meiner Seite. Damals zum Beispiel, als ich zum ersten Mal meine Tage bekommen und grässliches Bauchweh hatte, da hat sie ganz toll reagiert. Seitdem macht sie mir immer ohne große Worte eine Wärmflasche, stellt mir einen Tee hin und versteht mich ohne Worte. Andererseits beäugt sie mich seitdem noch kritischer, verfolgt wachsam die Körbchengröße meiner BHs und stellt schon mal neidisch fest, dass meine Haut jünger und praller ist als ihre, ganz zu schweigen von meinem knackigen Po.

Mittlerweile dämmert es und ich verspüre einen gigantischen Hunger. Als ob meine Mutter Gedanken lesen könnte, meint sie: „Weißt du, was? Ich bestelle uns jetzt zwei Pizzen und wir machen es uns vor der Glotze so richtig gemütlich. Was hältst du von einer Power-Session ‚Desperate Housewives'?"

## Andere Väter haben auch Töchter

Tatsächlich genießen Mama und ich ein völlig entspanntes Wochenende – ohne Aufräumen, ohne Geschrei, ohne Leon.

Und ich ohne Yannis!

Dafür kommt Juri vorbei und überrascht mich mit selbst gebackenen Schokobrötchen. Auf so eine Idee wäre Yannis nie im Leben gekommen. Das darf ich ihm bloß nicht erzählen, da wird er tierisch eifersüchtig, weil er

1. kein Schokobrötchen abbekommen hat,
2. nicht backen kann,
3. Juri nicht leiden kann.

Im Gegensatz zu mir!
Ich finde Juri sehr nett + süß
+ zuverlässig
+ überhaupt.

Juri und ich hängen gemeinsam auf unserer Miniwiese ab und lesen uns gegenseitig aus seinem Bionik-Buch vor, das er mitgebracht hat. Erstaunlich, welche Erfindungen die Natur auf Lager hat – und was Juri alles darüber weiß!

Ab und zu erwische ich Mama, wie sie heimlich Richtung Telefon schielt oder ihr Handy checkt, aber offensichtlich ist bei Papa und Leon alles in Ordnung. Und so schafft sie es tatsächlich, einen kompletten Samstag trödelig faul im Liegestuhl mit ihrem Lieblingsbuch zu verbringen. Als die beiden „Männer" am Sonntagnachmittag zufrieden nach Hause kommen, scheint die Familienidylle perfekt, Leon begrüßt Mama nur knapp und tobt kurz darauf mit Papa durch den Garten, als hätte er nie etwas anderes gemacht, was Mama glückstrahlend quittiert. Kleo ist es, die mich wieder auf den Boden der Tatsachen zurückführt.

„Hast du das gelesen?", fragt sie atemlos, als sie nach dem Abendessen an unserer Haustür klingelt. Sie hält mir einen Zeitungsausschnitt unter die Nase.

„Nee, keine Ahnung. Wieder was von Mr Superstar?"
Ich lese selten Zeitung und meine Mutter hat die Tageszeitung am Wochenende komplett ignoriert, weil sie ja in ihren Schmöker versunken war. „Worum geht es denn?" Statt eine Antwort abzuwarten, setze ich mich auf die Treppenstufe neben Ambra, der ich zur Begrüßung erst mal ausgiebig das Fell kraule. Was ich dann lese, verschlägt mir glatt die Sprache:

Mehr als zehn Jahre lang soll ein Frankfurter ungestraft Mädchen missbraucht haben – zuletzt auch seine eigene Tochter. Ihr ist es zu danken, dass der mutmaßliche Kinderschänder am Donnerstag verhaftet wurde. Bisher sind den Ermittlern fünf Opfer bekannt. Die sechzehnjährige Tochter war vor zwei Jahren missbraucht worden – doch erst jetzt traute sie sich, der Polizei von den Perversitäten ihres Vaters zu erzählen. Die Kripo ist seither mit diesem Fall befasst und dabei kam Ungeheuerliches zutage: Bereits seit zehn Jahren soll sich der Frankfurter an jungen Mädchen vergangen haben, darunter seine Nichte und zuletzt auch seine eigene Tochter. Ob unter den Opfern auch eine Freundin des Mädchens ist, wurde bislang nicht bestätigt ...

„Unglaublich, oder?" Kleo guckt mich kopfschüttelnd an. „Weißt du, wer das ist?"

„Nee, keine Ahnung, so Perverse kenne ich nicht." Ich reiche ihr den Zeitungsausschnitt zurück, den sie sorgfältig wieder in ihrer Hosentasche verstaut.

„Das ist Giada aus der Achten", behauptet Kleo. Sie hat verschwörerisch die Stimme gesenkt. „Ich habe gehört, wie sich Charlotte und Fee vor den Ferien über sie unterhalten haben. Von wegen, dass sie schon ihre Erfahrungen hätte ... und dass ihr Vater so ein durchgeknallter Typ sei."

„Du spinnst! Kann ja sein, dass Giada ERFAHRUNGEN hat, aber

doch nicht mit ihrem eigenen Vater!" Entsetzt spring ich auf und tocke mir an die Stirn. Ich mag nicht hören, was Kleo da sagt. Ausgerechnet Giada! Die ist so ein Emo-Girl und ziemlich deprimäßig drauf, aber in der Halle beim Basketball dreht sie auf, ich kann mir gar nicht vorstellen, dass ihr irgendjemand Gewalt antut, so nett, wie sie ist. Ich kenne sie aus dem Verein, ihre Mannschaft trainiert parallel zu unserer.

---

Inzest (von lat. incestum = Unzucht, Befleckung, „Blutschande") bezeichnet sexuelle Handlungen zwischen verwandten Personen. In vielen Kulturen ist Inzest strafbar, dabei spielt der Verwandtschaftsgrad eine entscheidende Rolle.

---

„Ist halt so ein Gefühl." Kleo zuckt mit den Schultern. „Jetzt guck nicht so, Sina, du bist die Einzige, mit der ich darüber rede, ich setze schon keine fiesen Gerüchte in die Welt."

„Nur weil du ein Gespräch belauscht hast?" Kopfschüttelnd gucke ich meine exbeste Freundin an. Ich weiß nicht, was ich schlimmer finden soll: Dass einem Mädchen so etwas angetan wird oder dass ein Vater Sex mit der eigenen Tochter hat – oder dass Kleo einfach jemanden verdächtigt.

„Ich hab halt so meine Antennen ... nee, nicht, was du denkst." Sie winkt erschrocken an. „Mein Vater doch nicht, der ist ja nie da! Nein, in unserer Familie gab es mal Probleme mit einem Großonkel ... Seitdem höre ich genau hin, wenn's um solche Geschichten geht."

„Aber wenn du keine anderen Beweise hast?" Ich mag immer noch nicht glauben, was Kleo da behauptet. So eine Anschuldigung ist ja ungeheuerlich!

„Also, wenn du es genau wissen willst: Meine Mutter kennt Giadas Mutter von ihren Tupperpartys", sagt Kleo. „Und da hat die einmal erzählt, dass ihr Mann gerne mit Gewalt seine Rechte einfordere und so."

Erst seit 1997 gilt laut §117 Strafgesetzbuch Vergewaltigung in der Ehe als strafbar.

„Aber deswegen muss er noch lange nicht seine eigene Tochter anbaggern."

Was interessieren mich die Bettgeschichten anderer Leute? Mich interessiert, ob meine Eltern heute Abend wieder laut stöhnend ihr Wiedersehen feiern oder nicht.
PEINLICH!!!

„Vielleicht. Ich glaube nicht, dass ich mich täusche ... Warte ab, morgen stehen bestimmt die Namen in der Zeitung." Und mit diesen Worten pfeift sie nach Ambra, die mittlerweile dabei ist, eine von Stefanies Goldorfen aus dem Fischteich zu angeln.

Am nächsten Morgen stehen keine Namen in der Zeitung, dafür wünscht mir Papa einen besonders schönen Ferientag. „Jetzt könnt ihr die Zeit genießen! Macht was Schönes! Und am Samstag fliegen wir endlich nach Sizilien!" Er drückt mir einen Schmatzer auf die Wange. Instinktiv rücke ich ein bisschen von ihm ab, als er wie immer seinen Arm um meine Schulter legen will.
„Was ist los, Sina? Bist du zu früh aufgestanden, was? Macht nichts, da kannst du in Ruhe frühstücken und Zeitung lesen."

Sagt es, wirft mir den Tagesanzeiger zu und verschwindet pfeifend Richtung Auto.

Leider kann ich ihm ja nicht sagen, dass ich bereits seit fünf Uhr wach bin und die Zeitung von vorne bis hinten gründlich durchforstet habe. Mir hat das einfach keine Ruhe gelassen, ich habe die ganze Nacht kein Auge zugetan deswegen: Giada, von ihrem eigenen Vater betatscht und geküsst! Und keiner sagt was! Und keiner merkt was, noch nicht mal ihre eigene Mutter! Angeekelt lege ich mein Nutellabrötchen wieder auf den Teller, wie kriege ich diese Gedanken nur wieder aus meinem Kopf? Und woher bekomme ich die Gewissheit, ob etwas an Kleos Behauptungen dran ist oder nicht?

Noch nicht einmal der Gedanke an Yannis, den ich wahnsinnig vermisse und den ich heute noch wiedersehen werde, tröstet mich.

In diesem Moment klingelt mein Handy. Julia! Was will die denn am heiligen Ferienmorgen? Mama schüttelt verwundert den Kopf. Sie sieht total verwuschelt und verschlafen, aber sehr glücklich aus. Wohl auch, weil Leon immer noch schläft – in seinem eigenen Bett.

„Salut", grüße ich ins Mikro. „Oder bist du wieder im Lande?"

Statt einer Antwort höre ich erst mal ein lautes Schniefen. Alarmiert springe ich auf und renne auf die Terrasse. „Was ist los? Rede schon! Geht es dir nicht gut?"

„Ich bin noch bei Nicolas in Paris", flüstert sie jetzt so leise, dass ich sie kaum verstehe. „Aber es ist total schrecklich." Wieder schluchzt sie los.

„Warum sprichst du denn so leise? Ich verstehe dich so schlecht!" Ich checke die Empfangsbalken, nö, alles okay.

„Ich kann nicht lauter ... Sina, hör mal, du musst meinen Eltern irgendwie verklickern, dass sie mich sofort hier abholen. Erzähl ihnen, du brauchst mich für diesen T-Shirt-Wettbewerb, für Franz-Nachhilfe, für ein Basketballturnier, irgendwas, ich will nur weg hier."

„Aber wieso sagst du ihnen das nicht selber? Wenn du Heimweh hast, haben die garantiert Verständnis dafür!"

„Nee, das kann ich nicht. Ich habe ihnen wochenlang die Hölle heiß gemacht, dass ich mit Nicolas in den Ferien mit nach Frankreich darf. Und jetzt ..." Julia schnieft.

„Hat er Schluss gemacht?", frage ich besorgt. Vielleicht hat Chouchou Nicolas in La France noch mehr Chéries.

„Quatsch, er ist anhänglich wie nie. Aber ... aber sein Stiefbruder ..."

„Meinst du den erwachsenen Bruder aus Nizza?" Alarmiert horche ich auf. „Was ist mit dem?"

Julia am anderen Ende ringt hörbar mit der Fassung. Nach einer Weile sagt sie: „Sein Stiefbruder hat mich gestern heimlich beim Duschen beobachtet. Das weiß ich, weil ich kurz aus der Kabine musste, um mein Duschgel zu holen, das ich vergessen hatte. Und da stand er in Unterhose, wollte mich küssen und betatschen ..."

„So ein Spanner!" Mit Schrecken erinnere ich mich an die Szene damals im Park, als uns beim Training ein Wichser beobachtet hatte. Kleo hatte den Typ damals voll angeschrien ...

„Ab sofort verriegelst du beim Duschen die Tür. Und dein Zimmer auch, hörst du? Bleib bloß nicht alleine mit dem

Arschloch! Ich kümmere mich darum, dass deine Eltern heute noch losfahren."

„Aber sag ihnen nichts ..."

„Keine Sorge, mir fällt schon was ein. Und pass auf dich auf, ja?" Bevor Julia noch irgendwas sagen kann, beende ich die Verbindung. Kurz darauf kommt ein DANKE gesimst.

Hektisch stürme ich ins Badezimmer und ziehe mich an. Erst überlege ich, ob ich alleine zu Püttners gehe, beschließe dann aber, Kleos und Ambras Begleitschutz einzufordern. Kleo ist sofort bei der Sache.

„Siehst du", sagt sie nur knapp. „Es kommt öfter vor, als du denkst. Und dieser Stiefbruder, dieser Matthieu – der könnte ja vom Alter her auch ihr Vater sein ..." Dann schweigt sie finster vor sich hin.

Ich überlege fieberhaft, welche Story ich Frau Püttner jetzt erzählen soll, und will mich mit Kleo beraten. Doch die winkt nur empört ab.

„Spinnst du? Die Wahrheit natürlich! So was denkt sich Julia doch nicht aus!" Sie schüttelt energisch ihren Kopf.

„Aber sie hat mich darum gebeten ...", wage ich einzuwerfen. Ich kann Julia manchmal nur schwer ab, ihre zickige Art geht mir grässlich auf den Geist und außerdem hat sie mir seinerzeit Nicolas ausgespannt. Und mit Yannis flirtet sie dennoch bei jeder passenden und unpassenden Gelegenheit.

Aber: Jetzt ist meine Freundin in Not, ist ja wohl klar, dass ich ihr helfe.

„Deine Hilfe ist nichts wert, wenn du nicht sagst, was los ist", meint Kleo. „Deswegen kommt es ja ständig zu solchen Übergriffen. Niemand traut sich, öffentlich zu machen, welche fiesen Fantasien geile Brüder, Onkels und Väter jungen Mädchen gegenüber haben. Der Typ gehört angezeigt."

Mittlerweile stehen wir vor Püttners Haus. Mein Herz klopft bis zum Anschlag. Was, wenn Julia sich das nur ausgedacht hat, weil sie plötzlich keinen Bock mehr auf Nicolas hat? Aber ich wische den Gedanken zur Seite. Das wäre selbst Julia nicht zuzutrauen.

---

Es gibt tatsächlich Mädchen, die, um Aufmerksamkeit zu bekommen, mit Absicht fiese Gerüchte streuen: Ob bezogen auf den Lehrer, den Nachbarn oder den Vater einer Freundin – ist einmal so ein Gerücht in der Welt, wird derjenige seines Lebens nicht mehr froh, weil ihn jeder für einen Kinderschänder hält. Also: Absolute Vorsicht mit übler Nachrede, für die es keine Beweise gibt. Gerüchte werden schnell zum Selbstläufer.

Es ist sicher gut, wachsam zu sein, aber nicht jeder schmierige Typ ist gleich ein Grapscher, nicht jeder Mann, der sich freundlich um ein Mädchen kümmert, ein Sexualschwerverbrecher. Vertraue deinem Instinkt! Wenn du einen Verdacht hast, überlege dir gründlich, mit wem du darüber redest. Aber trau dich immer, etwas zu unternehmen!

---

„Na, was wollt ihr denn in aller Herrgottsfrühe hier?", begrüßt uns Frau Püttner erstaunt, als sie uns die Tür öffnet. „Julia ist doch in Frankreich ..."

„Äh, genau darum geht es", beginne ich zögernd, dankbar für das Stichwort.

„In vierzehn Tagen holen wir sie wieder ab. Dann bleiben wir noch für eine Woche in der Bretagne, ohne Nicolas!", fügt Frau Püttner hinzu. „Aber das wisst ihr doch sicher?"

„Ja. Aber. Es ist ... weil ..." Irgendwie kriege ich die Kurve nicht.

„Julia hat heute Morgen bei Sina angerufen", mischt sich Kleo ein. „Ihr gefällt es dort nicht mehr und sie möchte sofort nach Hause."

„Aber warum meldet sie sich nicht bei uns?" Frau Püttner guckt erschrocken. „Sie weiß doch, dass sie jederzeit wieder zurückkommen kann, das haben wir extra besprochen."

Kleo und ich wechseln einen vielsagenden Blick.

„Sie hat sich halt nicht getraut ...", meint Kleo lapidar. „Ist doch verständlich."

„Oder ist irgendwas passiert?" Offensichtlich kennt Frau Püttner ihr Töchterchen genau.

Betreten druckse ich herum. „Ja, das ist es", sage ich dann mit fester Stimme. „Aber das erzählt sie Ihnen am besten selbst." Ich entschließe mich spontan, Julia das zu überlassen. „Wichtig ist, dass Sie sie so schnell wie möglich abholen."

Frau Püttner nickt. „Na, ihr seid schon ein paar Freundinnen", grinst sie. „Jetzt rufe ich Julia gleich an. Wie ich meine Tochter kenne, ist es inzwischen nur noch halb so eilig."

Wie wir dann später mitkriegen, hatte es Julia sogar sehr eilig und erwartete ihre Eltern in Paris mit gepackten Koffern. Soviel wir wissen, hat Nicolas sich tierisch über seinen Stiefbruder aufgeregt und seine Eltern haben einen langen Entschuldigungsbrief an Julias Eltern geschrieben. Die haben dann von einer Anzeige abgesehen, nicht zuletzt, weil sie Julia eine Zeugenaussage ersparen wollten. Matthieu selbst hat das Geschehen wohl gegenüber Nicolas mit den Worten kommentiert: „Selbst schuld, was rennt sie auch nackt durch die Wohnung." Schwein!

Hochhackige Schuhe, Minirock, enges Top, üppiger Busen, lange Haare, geschminkte Lippen – für manche Typen sind dies klare, aufreizende Signale. Wenn Männer ihre Erregung nicht im Griff haben und es zu sexuellen Übergriffen kommt, geben sie gerne Mädchen bzw. Frauen die Schuld dafür, nach dem Motto „Selber schuld, was macht sie mich auch so an". Das ist natürlich falsch: Auch ein noch so kurzer Rock darf nicht als Grund für eine unerwünschte sexuelle Handlung gelten. Du musst dir so einen Schuh nicht anziehen. Aber: Die Gefahr, die von aufreizender Kleidung (leider!) ausgeht, die solltest du nicht ausblenden.

Fest steht, dass Julia nach ihrer Rückkehr entgegen ihrer sonstigen zickigen Gewohnheit ein äußerst sanftes Verhalten an den Tag legt – und ernsthaft Nicolas vermisst.

Und dann bestätigt sich Kleos Verdacht gegenüber Giadas Vater. Eine Nachbarin der Familie ist es, die beim Friseur über die Verhaftung von Herrn M. herumtratscht, woraufhin die Geschichte durch unser Viertel zieht.

Arme Giada, ist alles, was ich denken kann. Wer kümmert sich jetzt um sie? Wer hilft ihr?

Das Schlimme ist, dass jetzt alle über Giada lästern. „So was konnte nur passieren, weil sie so aufreizend rumläuft", hat Kleos Mutter tatsächlich gesagt und damit wiederholt, was dieses Oberarschloch von Matthieu losgelassen hat. „In dem Alter darf sich eine Tochter halt nicht mehr auf den Schoß ihres Vaters setzen."

Einzig Papa hat souverän reagiert, als Familie M. Thema No. 1 am Abendbrottisch war: „Das ist ja wohl krank, wenn ein Mann beim Anblick seiner eigenen Kinder auch nur einen Funken sexuelle Erregung spürt! Wir leben doch nicht mehr im Mittelalter! In unserer zivilisierten Gesellschaft gibt es eine klare Grenze. Und die heißt nun mal: kein Inzest, kein Verhältnis mit Kindern und Schutzbefohlenen."

Klar, das weiß sogar Leon, der ausnahmsweise mal keine blöden Fragen gestellt hat.

„Das ist ja fast so, wie wenn meine Mutter nach meinen Freunden schielt", rutscht es Jolina heraus, als wir später im Biergarten hocken und uns bei einem Glas Apfelschorle über den „Fall Giada" unterhalten. „Egal, mit wem ich nach Hause komme, das Erste, was sie macht, ist Kaffee kochen, Zigaretten und das Du anbieten."

„Also, ich finde deine Mutter total cool", meint Kleo. „Meine Mutter kocht nie Kaffee für meine Freunde, höchstens Kakao mit Sahne ..." Sie kichert. „Aber sie würde auch nie mit zwanzig Jahre jüngeren Jungs flirten!"

„Ich weiß nicht ...", werfe ich ein. Mir ist dieses Getue und das Anbiedern auch zuwider. Jolinas Mutter, die wir alle *Sandy* nennen sollen, gibt sich betont jugendlich: solariumgebräunte

Haut, ausgebleichte Jeans (Slim-Line natürlich), weit ausgeschnittenes Top (damit man auch ja sieht, dass sie keinen BH trägt). Natürlich erlaubt sie Jolina mehr, als uns unsere Mütter erlauben. Aber ich finde sie einfach nur peinlich. Und Yannis auch.

„Was sagt denn dein Vater dazu, dass du rauchen darfst?" Julia wechselt jetzt schnell das Thema. „Meiner würde mir die Hölle heiß machen."

„Mein Vater?" Jolina zuckt mit den Schultern. „Ich weiß gar nicht, wer mein Vater ist."

„Wie, du weißt nicht, wer dein Vater ist?" Kleo guckt entsetzt. „Aber deine Mutter muss doch wissen, mit wem ...?!"

Erschrocken horche ich auf.

**Stell dir vor, du weißt nicht, wer dein Vater ist!**

„Jetzt guck nicht so scheinheilig, du weißt genau, dass meine Mutter ständig neue Typen anschleppt. Da kann sie es halt nicht wissen." Jolina schaut genervt in die Runde. Plötzlich senkt sie den Blick. „Das ist ein total doofes Gefühl, das könnt ihr euch gar nicht vorstellen", meint sie leise. Und dann weint sie – das erste Mal, seit ich sie kenne.

Mitfühlend legt Kleo ihren Arm um sie. „Nein, das kann ich mir ehrlich gesagt nicht vorstellen. Ich weiß nur, wie es sich anfühlt, keinen zu haben."

„Stimmt nicht", wage ich zu protestieren. „Du hast einen Vater! Im Gegensatz zu Jolina weißt du genau, wer dein Erzeuger ist, wessen Gene und Macken du trägst, die Haare zum Beispiel ..."

„Aber er ist nie da", schnieft Kleo.

„Klar ist er da", tröstet sie ausgerechnet Jolina. „Jede Wette denkt er oft an dich und garantiert trägt er irgendwo ein Foto von dir bei sich." Woraufhin Kleo zaghaft nickt. „Mein Vater dagegen weiß noch nicht einmal, dass es mich gibt. Weil meine Mutter es ihm nicht gesagt hat. Weil sie nicht weiß, *wer* es ist."

„Hast du nicht mal versucht herauszufinden, wer es sein könnte?", fragt Julia neugierig, die bis dahin stillschweigend zugehört hat. Als sie von der Sache mit Giada erfahren hat, ist sie ganz blass geworden und hat Herrn M. nur flüsternd die Vogelgrippe samt Schweinepest und BSE an die Backe gewünscht.

„Wie denn? Meine Mutter ist nicht der Typ Tagebuch- und Liebesbriefschreiber, wenn du das meinst. Einmal habe ich sie gefragt, da hat sie total heftig reagiert. Seitdem haben wir nie wieder über meinen Vater ... äh, meine Väter geredet."

Betreten schweigen wir vor uns hin, jede in ihre Gedanken versunken.

„Hey, cool, da seid ihr ja, rückt mal!" Juri quetscht sich zwischen mich und Kleo, sodass Ambra empört aufwinselt. „Was'n los, habt ihr eure Tage?" Verwundert guckt er zwischen uns Hühnern hin und her. „Oder kollektiven Liebeskummer? Pickel am Hintern?" Mit einer lässigen Geste bestellt er sich ein Radler.

„Du bist süß", rutscht es mir raus und ich wundere mich gleichzeitig darüber, dass Juri Alkohol trinkt. Endlich einer, der mich wieder zum Lachen bringt. Ich drücke dem verdutzten Juri einen Kuss auf die Wange und drücke mich grinsend an ihn. Eine warme Welle der Zuneigung durchflutet meinen Bauch. Oder ist es mehr? „Ohne dich wäre das Leben grau und öde!"

Jolina nickt und zwinkert mir zu, während Julia mich abschätzend anblickt. Jede Wette rechnet sie sich aus, wann Yannis wiederkommt und wie sie mich bei ihm wegen Untreue anschwärzen kann. Damit sie auch ordentlich was zu erzählen hat, kuschle ich den Rest des Abends noch intensiver als sonst mit Juri, dessen Haut sich warm und prickelnd anfühlt, wann immer wir uns berühren. Einmal legt er sogar unterm Tisch seine Hand auf meinen Oberschenkel und verhakt sein Bein mit meinem. Aber das bleibt nun wirklich mein Geheimnis. Ein Geheimnis allerdings, das mich ernsthaft ins Grübeln bringt: Es gibt viele Dinge, die ich an Yannis nicht leiden kann. Würde ich solche Dinge auch an Juri finden, wenn ich mit ihm zusammen wäre? Ich kann's mir irgendwie nicht vorstellen. Dann denke ich aber schnell wieder an Yannis, wie er ist, wenn wir alleine sind. Seine zärtlichen Küsse. Die Nähe. Die Vertrautheit, wenn der Stockfisch plötzlich Gefühle zeigt. Aber: Kann ich zwei Jungs gleichzeitig gernhaben? Und wie finde ich heraus, wer am besten zu mir passt?

Nichts als Fragen ...

Manchmal passiert es, dass du zwischen zwei Jungs stehst und nicht weißt, wohin mit deinen Gefühlen. Was du an dem einen gut leiden kannst, findest du am anderen blöd und umgekehrt. Listen schreiben funktioniert hier leider nicht besonders gut, weil in diesem Fall deine Gefühle und nicht die Fakten gefragt sind. Was also machen? Sorge für Klarheit und knutsche bzw. gehe nicht mit beiden gleichzeitig, heimliche Dates und ein doppeltes Spiel sind no go. Wenn du dich partout nicht entscheiden kannst: Gönne euch allen eine Auszeit von zwei Wochen und warte ab, was passiert ... Danach siehst du klarer.

| Was ich an Yannis nicht mag ... | Oder anders gesagt: |
| --- | --- |
| Dass ich mit ihm nichts planen kann. | Er ist spontan! |
| Dass er oft hinter seinem Computer hängt. | Er kann gut für sich alleine sein und klammert nicht. |
| Dass er ständig für seine Mutter Dinge erledigen muss. | Er ist pflichtbewusst und zuverlässig. |
| Dass er nicht so stylisch herumläuft. | Er hat seinen individuellen Stil und ist kein Mitläufer. |
| Dass er mir nicht sagt, was er für mich empfindet. | Er ist ehrlich und lebt seine Zuneigung durch Gesten. |

## Drittes Kapitel,
## in dem Yannis sagt, was Sache ist

*Hey Mädels, alles klar im BH?!*

*Blöder Spruch, ich weiß, Sina hätte sofort gesagt: „Das sind aber fünf Euro für die Macho-Kasse." Die versteht mit so was wenig Spaß, obwohl sie sonst echt humorvoll ist und mit uns Jungs gerne handfeste Witzchen reißt. Schließlich ist sie nicht so eine von diesen eingebildeten Tussis. Aber manchmal tickt sie nicht richtig. Ja, wirklich, ihr habt richtig gelesen: Ich finde Sina toll und habe sie sehr lieb – aber manchmal stellt sie mich vor Rätsel und dann bin ich genervt, kann doch vorkommen, oder?*

*Und dann dieser Fragebogen aus der GirlGirl! Das sind gesammelte Fragen von Mädchen an Jungs, die wir alle beantworten sollten, nach dem Motto „So ticken Jungs – mit den Antworten auf diesem Bogen könnt ihr Mädchen euren Liebsten besser verstehen". Demnächst soll es auch einen Fragebogen von Jungs an Mädchen geben ... Als ob ich eine Betriebsanleitung bräuchte! Juris Antworten durften Sina und ihre Freundinnen ja teilweise lesen, meine definitiv nicht! Und doch finde ich, es ist höchste*

*Zeit, dass ICH mal sage, was Sache ist, schließlich geht es in diesem Buch ja um Jungs, oder? Und Sina redet sowieso zu viel!*

*Hier meine Antworten auf eure Fragen, erst mal das Wichtigste:*

STECKBRIEF:

**Das bin ich:** Yannis Dietrich, aktuell 14 Jahre alt, braune Haare, braune Augen

**Aktuelle Hobbys**: Computergames, bis vor Kurzem Fußball, seit Neustem Angeln

**Lieblingsessen:** Nudeln mit Ricottasoße, Burger, Salat, Grillwürstchen

**Lieblingsfilm:** Typische Mädchenfrage! Star Wars, Herr der Ringe

**Lieblingsmusik:** Indie, ein bisschen Metal und „Die Toten Hosen".

**Lieblingsbuch:** Herr der Ringe, Eragon, Artemis Fowl, alles, was Fantasy ist. Und natürlich die Bücher von Stephen King. Aktuell lese ich „Doktorspiele" von J. Konecny, sehr aufschlussreich!

**Meine Kumpels:** Marco, Juri, Sebastian, Ibo; einen besten Freund habe ich nicht.

### FRAGEN ZU SINA:

**Woher ich Sina kenne:**

Weil wir seit Ewigkeiten Nachbarn sind, ich hab schon als Baby neben ihr auf der Krabbeldecke gelegen und vor ihr laufen gelernt, später haben wir gemeinsam in der Sandkiste gesessen, uns im Kindergarten gegen die Erzieherinnen verschworen und den Joghurt geteilt ...

**Was ich über Sina denke:**

Tough, eine echte Krätze kann die sein, aber auch schmuseweich und süß. Sie ist das coolste Mädchen, das ich kenne.

**Was ich an Sina mag:**

Dass sie so selbstbewusst und mutig ist und dass sie so toll erzählen kann.

**Was ich an Sina nicht mag:**

Dass sie ständig wissen will, was los ist, und einen nie in Ruhe lassen kann. DAS NERVT!

**Ob ich Sina süß finde:**

Also logisch. Sie selbst findet sich höchstwahrscheinlich nicht „süß", ich glaube, Rosarot kann sie gar nicht leiden (wobei ich mich noch gut an ihre Spitzenrock-Phase als Fünfjährige erinnere! Grässlich!!)

## EURE FRAGEN:

**Warum wir immer zuerst in euren Ausschnitt schielen müssen.**

Na, ist doch logisch: Weil ihr uns den immer entgegenstreckt, eure Brüste sind nun mal eure herausragendsten Eigenschaften (okay, okay, noch so ein Spruch). Melanie aus unserer Klasse zum Beispiel, da MUSS ich einfach ständig hinglotzen, das geht gar nicht anders. So ein riesiger Busen, da träumt doch jeder Junge von ... und jetzt erzählt mir nichts von wegen Mutterkomplex, ihr fasst doch selbst gerne dran, oder? Aber bevor ihr mich jetzt in die falsche Ecke sortiert: Der schönste, hübsch verpackte Busen nützt nichts, wenn eure Birne hohl ist. Und das merken die meisten Kerle sofort, also ich mache da einen ganz klaren Unterschied, und zwar einen großen! Kommt jetzt bloß nicht auf die Idee, eure Duddeln per Schönheits-OP aufzupuschen. **Kein Junge will eine Mogelpackung!** Und schon gar nicht anfassen, da kann ich mir gleich eine Plastikpuppe bei Beate Uhse bestellen.

### Warum wir geschminkte Mädchen tussig finden.

Na ja, kommt drauf an. Julia zum Beispiel kriegt das meistens ganz gut hin und sieht sehr hübsch aus mit ein bisschen Make-up, finde ich. Wenn Mädchen zu stark geschminkt sind, hätte ich Angst, dass ich hinterher abgefärbt bin. Auch rote Lippen würde ich nie küssen, das signalisiert mir eher: „Bleib weg, ich fress dich!" Nee, so zugekleisterte Tussen leben ja in der Angst, dass ihr Make-up verrutscht, ständig checken sie im Spiegel ihr Outfit und wehe, das Rouge sitzt nicht oder die Haare sind ein bisschen fettig. **Mir wäre das viel zu anstrengend, mit so einer befreundet zu sein, ich will keine Maske.** Ich mag es, wenn Mädchen ehrlich und echt rüber-kommen. Ich bin doch auch so, wie ich bin, klebe mir keine künstli-chen Wimpern an oder stopfe mir die Hose aus. Diese Schönheits-diskussionen gehen mir auf den Sack, Sebastian hat neulich auch damit angefangen, er würde sich die Haare unter den Achseln rasieren und so. Mädchen würden auf glatte Haut stehen und er selbst fände das auch „ästhetischer" – als Mountainbiker rasiert er übrigens auch seine Beine. Außerdem trainiert er sich Sixpacks an und pflegt seine Haut mit einer speziellen Männerserie, ich glau-be, der hat heimlich die *Men's Health* von seinem Vater gelesen ... Gegenfrage: Sollen wir jetzt den gleichen Beauty-Stress haben wie ihr?

Jungs wie ich mögen aufgeweckte, selbstbewusste, hübsche, interessierte, sportliche, nette, spontane, lustige, süße, normale, auch gerne etwas schüchterne Mädchen – und keine dick geschminkten hirnverkohlten Tussis mit spitzen Brustwarzen oder Mädchen, die ihnen ständig hinterhertelefonieren, dauernd Kalorien zählen, albern rumkichern, zicken und pausenlos reden.

## Warum wir Mädchen toll finden.

Weil.

Und **weil wir gefährliche Spiele lieben.**

Okay, ihr wollt natürlich eine wissenschaftliche Begründung: Weil es in unseren Genen liegt, weil wir von Natur aus auf das andere Geschlecht programmiert sind (aber wieso gibt es dann Homosexuelle?!), weil wir uns ja vermehren sollen, wollen (später) und dazu eine Frau brauchen (und mit Mädchen schon mal üben) und weil ihr einfach unwiderstehlich seid.

## Warum ich nicht alles über Mädchen wissen will.

Weil ich dann ein Frauenversteher wäre! Nee, im Ernst, natürlich will ich wissen, mit wem ich es zu tun habe, aber **Details aus eurem Zykluskalender interessieren mich nun wirklich nicht.** Oder ob ihr lieber Carefree, OB oder Tenea-Lady benutzt, welchen Lieblingsgeschmack euer Labello haben muss, welche Rockstars ihr anhimmelt ... Juri tut in dieser Hinsicht ja sehr verständnisvoll und einfühlsam, der Schleimer. Ganz uninteressant ist das ja auch nicht. Mir hat es zum Beispiel dann doch mal richtig geholfen, dass Stefanie mir mal einen Monolog über PMS gehalten hat, um Julias Gezicke zu verstehen. Aber hey, das ändert nichts daran, dass es überaus nervig ist, wenn ein Mädchen so weinerlich drauf ist und wegen jedem Scheiß abgeht. Ich finde, das ist keine Entschuldigung.

## Warum wir gerne den Frauenversteher geben.

Ehrlich: **Ich kenne keinen Jungen, der Mädchen und Frauen wirklich verstehen würde, die tun alle nur so.** Haben sich in etlichen Zeitschriften und Ratgebern angelesen, wie Frauen ticken, und verhalten sich jetzt entsprechend: Haben Verständnis, wenn die Mädels schlechte Laune haben (PMS), ertragen geduldig ihr Gezicke (PMS), ihre Diätkrisen (PMS). Hören zu, stellen einfühlsame Fragen, erzählen von ihren Problemen, weil sie denken, sie können euch Mädchen damit beeindrucken und rumkriegen, weil ihr ja angeblich nicht mehr auf Machos steht.

Juri nervt mich deswegen voll fett an, weil er sich auf diese Weise bei Sina einschleimt, ihr ausführlich von seinen Gefühlen und Gedanken erzählt, sie permanent ansimst und ihr kleine Geschenke macht. Oder Sebastian, der mit seinem Styling-Getue die Mädchen begeistert, weil sie es toll finden, sich mit ihm über Rasierer, Deosprays und die Wahl der passenden Füßlinge zu den Sneakers auszutauschen.

Klar könnt ihr mit mir über alles reden. **Aber ich bin lieber ein echter Kerl!**

Ich kann Gezicke und schlechte Laune aushalten, dann denke ich mir halt meinen Teil.

Aber muss ich verstehen, warum genau ihr manchmal solche Nervensägen sein könnt? Für mich ist es viel wichtiger herauszufinden, wie ich für mich damit klarkomme.

Ich möchte JEDEN Menschen gerne so AKZEPTIEREN, wie er ist.

## Warum wir uns manchmal nicht zwischen zwei Mädchen entscheiden können.

Ihr spielt auf meine Flirts mit Julia an, richtig? Schwierige Frage, ich versuche es mal so: Einerseits finde ich so natürliche Mädchen wie Sina und Kleo total klasse, weil sie unkompliziert und untussig sind. Mit ihnen kannst du richtig reden, Scheiß machen, ganz normal eben. Andererseits ist jemand wie Julia mit ihrem Schmollmund voll süß, die muss ich einfach beschützen, da fühle ich mich als Held, wenn ich ihr die Jacke umlege und aufpasse, dass ihr niemand etwas tut, ich mag sie einfach, weil sie so zart, anschmiegsam und lieb ist.

Sina kann so was gar nicht ab, die bekommt Ausschlag davon, dafür ist sie viel zu selbstständig, so mädchenhaftes Getue geht ihr völlig ab. Als sie damals von Jelko und Marc so doof angemacht wurde, war sie allerdings froh, dass ich da war. Für uns Jungs kann es sehr reizvoll sein, wenn wir uns gebraucht fühlen und für euch stark sein dürfen ... und ich bin auch lieber mit einem Mädchen (wie Sina) zusammen, auf das ich mich verlassen kann. Eine wie Jolina zum Beispiel, die ständig mit neuen Typen rumhängt, sieht klasse aus und macht mich an, aber als Freundin?! Nein, danke.

## Warum Mädchen nerven.

Das fragt ihr noch? Schon mal zwischen lauter gackernden Hühnern im Bus gesessen? Schon mal im zweiten Schuljahr bei Mädchen-fangen-die-Jungs abgeknutscht worden? Schon mal die Frage beantworten müssen: Findest du meine Oberschenkel zu fett? Meinen Busen zu klein? Schon mal beim Pärchenabend dabei sein müssen? **Das Leben könnte manchmal so schön und ruhig sein,**

**wenn ihr nicht ständig mit euren Pseudo-Problemen ankämt.** Klar leide ich unter meinen Pickeln, aber hey, ich muss das doch nicht schlimmer quatschen, als es ist! Ich lass mir nicht einreden, ich hätte deswegen Komplexe. Und ich verstehe auch nicht, warum ihr Mädchen ständig über alles reden wollt. Natürlich habe ich Gefühle, bin doch kein Zombie! Und ich stehe dazu und zeige sie auch. Aber wieso muss ich die lang und breit ausdiskutieren? Es wäre leichter, wenn Mädchen uns nicht ständig „umerziehen" wollten und uns so akzeptieren würden, wie wir sind. Ich verlange von meiner Freundin ja auch nicht, dass sie so wie ich computerbegeistert ist.

## Warum Fußball gucken ohne Mädchen mehr Spaß macht.

Also, ich finde es echt klasse, wenn sich Mädchen für uns und unsere Hobbys interessieren. Wenn sie uns am Spielfeldrand anfeuern, zujubeln, Beifall klatschen – so, wie ich es bei Sina selbstverständlich auch mache, wenn sie beim Basketballturnier zur Höchstform aufläuft. Da fiebere ich ehrlich mit! Aber ich finde es völlig daneben, wenn sich Mädchen in unsere Sachen einmischen. Ich würde ja auch nie auf die Idee kommen, eine Schmink-, Schmuck-, Bastel- oder Tupperparty zu besuchen und mich als Schmink-, Schmuck-, Bastel- oder Plastikpezialist aufzuspielen, oder? Bundesliga geht ja noch, aber wehe, WM oder EM ist im Lande, dann steckt meine Mutter überall Fähnchen, backt Fußballmuffins, schmiert Halbzeitschnittchen und erklärt MIR (!!!) die Abseitsregel, ganz zu schweigen von den Mädchen, die uns beim Fußballgucken mit so Kommentaren nerven wie „Oh, der sieht aber süß aus!" oder „Auf welches Tor spielen unsere?" oder „Wie heißt die Freundin von dem?". Für sie ist Public Viewing ein Date, ein

Sehen-und-gesehen-Werden, eine nette Gelegenheit, sich mal wieder zu treffen, um ein hippes Deutschlandtrikot zu tragen und Schwarz-Rot-Gold als Make-up zu präsentieren. Mich als echten Fußballfan nervt das.

## Warum uns der Hype um Mädchenkram total ankotzt.

Ständig wird uns vorgehalten, dass ihr alles besser könnt: Das fing schon in der Grundschule an: *Natürlich* können Mädchen schneller lesen, schöner schreiben, haben mehr Ausdauer beim Basteln. Heute heißt es: Wählen wir am besten ein Mädchen als Klassensprecherin, denn die kann besser reden, vermitteln und auf andere Menschen zugehen. Und überhaupt können Frauen tausend Dinge gleichzeitig tun, ihre Emotionen zeigen, sind flexibel und selbstkritisch, dabei witzig. Wisst ihr, wie sehr das nervt? Oder nimm mal diese bescheuerte Geschichte von Heidi: Alle gucken auf dieses Glückseligkeit bringende Mädchen, aber niemand auf den Geißen-Peter, die arme Sau: Underdog, Problemfamilie, ohne Schulbildung wird der es nie zu etwas bringen. Oder nimm den Girls' Day: überall Aktionen, Berufsangebote, Informationen – alles nur für Mädchen. Oder das Fernsehprogramm: Lauter dusselige Soaps (außer auf DMAX). Oder Autowerbung: voll verkitscht und verweiblicht. Und wie reagiert die Politik? Startet eine Aktion „Neue Wege für Jungs". Dass ich nicht lache. Trotzdem bringt man uns immer noch bei, auf das angeblich schwache Geschlecht Rücksicht zu nehmen. **Da läuft doch gerade irgendwas schief!**
Und dann wundern sich alle, wenn hauptsächlich Jungs unter dem unaussprechlichen Aufmerksamkeitsdefizitsyndrom leiden und Ritalin einwerfen müssen: Leute, das sind unsere Überlebenspillen in der Mädchenwelt!

## Warum wir es gut finden, wenn Mädchen eine eigene Meinung haben.

Schon mal mit einem Mädchen zusammen gewesen, dem alles egal ist: Was machen wir? Schulterzucken. Magst du lieber O-Saft oder Cola? Schulterzucken. Wie findest du Osama bin Laden? Schulterzucken. **Ich finde das schlimm, wenn jemand keine eigene Meinung hat.** Klar muss sich nicht jeder gleich politisch engagieren wie Friederike, aber wenn ich gefragt werde, muss ich wissen, was ich will. Das gilt für Mädchen wie für Jungen.

## Was mir Sebastian von Jolina erzählt.

Der fährt voll auf die ab, Mann! Wundert mich eigentlich, wo er doch so der Edel-Boy ist und auf Markenklamotten steht. Jolina ist zwar immer trendy angezogen, aber sie hat, vorsichtig ausgedrückt, einen sehr speziellen Geschmack. Meine Meinung: Er ist mit ihr zusammen, weil sie das einzige Mädchen ist, das sich mehr traut außer züngeln. Sie bewundert ihn für seine coolen Klamotten, was diesem Angeber natürlich schmeichelt. Neulich hat er mir erzählt, dass sie gemeinsam Shooting gespielt und er ihren Busen fotografieren durfte und was er danach alles noch gemacht hat, aber ich finde es nicht okay, wenn ich das hier weitersage.

## Warum ich ein Problem mit Frauenfeindlichkeit habe.

Na, das ist ja wohl klar, oder? Und konkret finde ich so Typen wie Sido oder Bushido echt scheiße, was die in ihren Raps beschreiben, das will ja wohl keiner nachmachen?! Einerseits die großen Nutte-Fotze-Bitch-Sprüche reißen und andererseits brav bei Mama zu Hause den Mülleimer runtertragen ... In einem Interview mit Bushido habe ich gelesen, dass er einen Unterschied zwischen den Groupies macht, die es mit der ganzen Band treiben (= Schlampen, Nutten) und Frauen wie seine Mutter (!), die er ganz „normal" findet und verehrt. Mit anderen Worten: Typen wie der würden solche Mädchen wie die, über die er singt, niemals heiraten ...

## Warum Mütter nerven.

Ganz einfach: **Weil sie einfach nicht aufhören können, einen zu bemuttern, egal wie alt man ist.** Erst wischen und baden und cremen sie ewig an einem rum, dann sorgen sie sich ständig um unseren Schniedel (ich sag nur: Vorhaut und die dämliche Frage nach feuchten Träumen), dann können sie nicht ab, wenn du 'ne Freundin hast, und simsen dir ständig hinterher. Seit ich mit Sina zusammen bin, ist Stefanie voll schräg drauf, dabei dachte ich immer, sie könne Sina gut leiden. Sie tut ja immer ganz cool und offen, feiert ständig Partys und ich finde sie im Gegensatz zu Frau Rosenmüller richtig hip. Aber ständig kommt sie mir jetzt mit irgendwelchen Aufträgen, wenn ich mit Sina verabredet bin, mal soll ich ihr beim Rasenmähen helfen, mal schneit sie, ohne vorher anzuklopfen, einfach in mein Zimmer. Immer ich, nie Malte. Manchmal bin ich so genervt, da will ich einfach nur meine Ruhe haben. Auch von Sina.

## Warum Väter nerven.

??? Meiner ist ja so gut wie nie da, und wenn, nörgelt er ständig an mir rum: Ich wäre ein Weichei-Warmduscher, sollte mir von Sina nichts gefallen lassen und gefälligst meine vielversprechende Fußballkarriere nicht sausen lassen, nur weil ich seit Neustem eine Freundin habe. Ständig fordert er nur.

Jetzt vertraue ich euch mal etwas an, das weiß noch nicht einmal

Sina: Ich habe das mit dem Fußball WEGEN meinem Vater abgebrochen, ich hatte keinen Bock mehr auf samstägliches Angeschnauze auf dem Fußballplatz. Dafür nämlich hatte er immer Zeit, hat rumgebrüllt, ich wär ein blinder Vollidiot, wenn ich den Ball nicht gescheit gedribbelt und ins Tor geschossen habe. Anstatt mir zu zeigen, wie es besser geht, hat er ständig auf mir herumgehackt und mich vor versammelter Mannschaft fertiggemacht.

Bei meinen Computerspielen quatscht er mir jetzt nicht mehr rein, damit kennt er sich nämlich nicht aus.

Soll er doch in sein dämliches Krankenhaus einziehen.

## Wieso Brüder nerven (und wozu sie gut sind).

Nix gegen Malte!!! Für ihn würde ich durchs Feuer gehen und er für mich. Ich weiß, nach außen wirken wir spinnefeind und grundverschieden, aber Malte ist der beste Bruder, den du dir denken kannst, Hand drauf. Als ich kleiner war, hat Malte mir Fußball spielen und Schiffe schnitzen beigebracht, später hat er mir seine abgelegte Pornosammlung vererbt und mir erklärt, wozu Kondome gut sind, wie man mit ihnen umgeht und warum es welche mit Geschmack gibt. Manchmal nervt er mich mit seinen Mädchengeschichten, vor allem, wenn seine Süßen ständig bei uns anrufen und ich ihnen erklären muss, dass Malte leider, leider noch für Mathe lernen muss. Nur dass er neulich Sina so blöd angemacht hat ... da hätte ich ihm am liebsten eine reingeschlagen.

## Warum unter unserem Bett eine Klopapierrolle steht.

Oh Mann, ihr wollt aber auch alles wissen. Bei mir zum Beispiel steht keine, bei Marco dafür schon, mein Bruder hat so eine Kleenex-Box. Ich finde, das ist Privatkram.

137

## Warum wir unter Knutsch- und Kuschelphobie leiden.

Das fragt ihr noch? Ist euch schon mal aufgefallen, wie oft kleine Jungs von ihren Müttern (Tanten, Omas, Schwestern) abgeknutscht werden? Ständig haste so einen Schmatzer an der Backe, wirst auf den Schoß gehoben, durch die Haare gewuschelt, mit Keksen gefüttert, durchgekitzelt ... Krassestes Erlebnis: Als vierjähriger Knirps bin ich auf einer Familienfeier Tante Ella zum Opfer gefallen, die hat mich gar nicht mehr losgelassen, weil sie mich so „niedlich" gefunden hat. Seitdem habe ich immer ein bisschen Angst, wenn mir jemand zu nahe kommt. An Sinas körperliche Nähe („Komm, wir kuscheln ein bisschen") muss ich mich auch erst noch gewöhnen, ohne gleich Pickel zu kriegen, da fühle ich mich gefangen. Aber eigentlich ist es auch ganz schön ... *How can I ever refuse, I feel like I win when I lose ...*

## Warum ich gerne im Stehen pinkele.

a) Weil es **so praktisch** ist.
b) Weil ihr es nicht könnt, ätsch.

## Warum die Pubertät für Jungs voll plöd ist.

Endlich mal eine richtig gute Frage, die ganze Zeit geht es ja nur um EURE Pickel, Busen und Periode. Für uns Jungs verändert sich nämlich auch was – von wegen der Pimmel ist ja immer schon da. Natürlich ist er da, aber nie so hart, schmerzhaft und unkontrolliert wie jetzt! Das ist voll blöd, wenn's dir plötzlich in der Unterhose abgeht wie Schmitz' Katze und alle lachen. Ist mir zum Glück noch nie passiert, aber Jolina hat Sebastian neulich unfreiwillig (?) derart scharf gemacht ... Malte zelebriert seine morgendliche Latte mit sichtbarem Stolz, Juri erzählt was von fünfmal am Tag, auf der Klassenfahrt in London haben wir Jungs die Hecker beim Wecken mit unserer Pimmelparade geschockt ... Hört sich lustig an, aber manchmal komm ich mir vor wie ein Tier (Testosteron!!!), das nichts gegen seine Erregung tun kann – außer duschen und wichsen. Mal ehrlich, was würdet ihr bevorzugen: Einen eiskalten Wasserstrahl oder eine rubbelnde, warme, weiche Hand?

Was sich noch verändert? Na, die Haare wachsen wie blöd, überall, an den Beinen, unter den Achseln, am Penis – und endlich! auch im Gesicht, da muss ich sogar täglich rasieren. **Ich stinke wie ein Puma,** wenn ich nicht zweimal täglich dusche (Axe sei Dank), und meine Nase glänzt wie Olivers Porsche. Pickel habe ich nämlich jede Menge, denkt bloß nicht, das sei allein euer Problem. Wir machen halt nur nicht so rum, Typen wie Sebastian benutzen Abdeckstift. Sina hat mir ein paar gute Tipps gegeben, das war voll nett und gar nicht peinlich, mit ihr darüber zu reden, schließlich war sie mal Pickelforscherin.

## Warum unser Pimmel so wichtig ist.

Oh Mädels!

Er symbolisiert unsere Männlichkeit!!!

Der steckt zwar in der Unterhose, aber jeder guckt drauf, sobald du nackig bist: Als Knirps am Strand, im Schwimmbad, unter der Gemeinschaftsdusche ... Und jeder gibt seinen Kommentar ab, ein Staunen in den Augen, wenn sie ihn groß finden, ein mitleidiger Blick, wenn er zu klein geraten ist. Um es kurz zu machen: Ich finde meinen genau richtig und ich verstehe auch nicht den Stress darum, Malte sagt auch, dass es nicht auf die Größe, sondern auf die Technik ankommt.

Ich habe mal gelesen, dass Mädchen manchmal Angst kriegen, wenn sie so einen Steifen sehen (Jolina gehört bestimmt nicht dazu), logisch, im Biobuch sind die ja immer nur im unerigierten Zustand abgebildet, da kann ich verstehen, dass so ein „harter" Anblick ungewohnt ist. Ist das vielleicht der Grund, warum Mädchen gerne mal zutreten? Voll unsensibel, wenn die einem in den Sack hauen, das schmerzt wirklich höllisch, da macht ihr euch keine Vorstellung.

## Warum ich neulich im Sexshop war.

Hä, da darf ich doch noch gar nicht rein?! Das ist so eine Mädchenfantasie, weil ihr eher auf so Sexspielzeug steht, wir brauchen keins, wir haben eins ...

## Warum wir Jungs nicht so viele Worte haben.

a) Weil unser Sprachzentrum nicht so gut mit dem Rest unseres Gehirns vernetzt ist.

b) Weil ihr schon so viel redet und alles gesagt ist.

c) Weil unser Steinzeithirn noch aufs Jagen programmiert ist und MANN sich LAUTLOS heranpirschen muss.

d) Weil wir uns auf das Wesentliche beschränken können und gerne lösungsorientiert diskutieren, nicht wie Mädchen problemorientiert. **Warum soll ich ein Problem lang und breit wälzen, wenn die Lösung ganz einfach ist?**

*Ein Mann, ein Wort, eine Frau, ein Wörterbuch.*

Wie Sina, die mit mir immer wieder gerne über Kleo reden will. Verstehe ich ja, die beiden waren mal ganz dicke Freundinnen. Aber ich finde, es liegt auf der Hand, dass Kleo derzeit ohne Sina sein und ihr eigenes Ding machen will. Ich verstehe nicht, warum Sina jedes Mal wieder damit anfangen muss, von wegen was Kleo heute wieder gesagt und nicht gesagt hat, wie sie seit Neustem angezogen ist, warum sie nur Zwieback isst ... NERVIG!

Ich finde, ich lasse hier schön viele Worte los, oder?

## Warum Männerabende cool sind.

Gegenfrage:

Was ist an euren Mädelsabenden so toll?

Ich finde es wichtig, dass jeder seine Freunde auch noch alleine trifft und die Freundschaft zu anderen pflegt, egal jetzt, ob Junge oder Mädchen. Kann niemand ernsthaft von mir erwarten, dass ich nur mit meiner Freundin alleine abhänge, wie Marco es tut. Der hat nur noch seine Milli im Kopf, hat sich aus unseren gemeinsamen Unternehmungen völlig ausgeklinkt – weil Milli ausgerechnet dann immer Kopfschmerzen hat und er Händchen halten muss. Nur bei der LAN-Party damals, da war er dabei.

Na ja, muss jeder selbst wissen, mir wäre das zu eng und eine zu große Abhängigkeit. Sina ist zum Glück anders drauf, wobei: Sie hat damals auch so komisch geguckt. Und dass ich mit Malte und meinem Vater auf Männertour bin, hat sie auch nicht wirklich verstanden, sie hat so eine Bemerkung fallen lassen von wegen „ausgerechnet mit deinem Vater?!". Ich glaube, sie war eifersüchtig, weil ihre Ferien durch Leons Unfall verhagelt waren. Weil sie schräg drauf war, konnte ich mich auch nicht richtig auf sie freuen, ich glaube, das hat sie gemerkt ... Tut mir ja leid, aber mit Malte und Oliver war das so ganz anders, wir hatten ausnahmsweise viel Spaß, haben auf einer Wiese gezeltet und im Teich Forellen geangelt, die wir abends am Lagerfeuer gegrillt haben. Nur einmal hat mein Vater nach Sina gefragt. Nee, nicht: „Na, wie läuft's denn so?",

sondern er wollte wissen, bei welchem Anbieter ihre Homepage läuft.

Und auf meine „Männerabende" lass ich nichts kommen, das ist enorm wichtig, **ich will meine Kumpels nicht vernachlässigen.** Ohne sie wäre das Leben öde! Mit wem sonst hätte ich so viel Spaß?! Meine Erlebnisse mit ihnen sind unvergesslich und wertvoll.

## Warum wir uns immer gleich so leidtun.

1. Weil wir sonst die harten Kerle spielen müssen und es genießen, auch mal schwach sein zu dürfen.
2. Weil wir wissen, dass wir auf diese Weise euer Helfersyndrom ansprechen.
3. ...
4. **Weil Schwäche ein doofes Gefühl für uns ist.**

## Warum wir immer schneller sein wollen.

Es kann nur einen Sieger geben, oder? Was ist daran falsch, wenn man gewinnen und besser als die anderen sein will? Kräftemessen ist kein Kampf, wir wollen halt wissen, wo wir stehen.

Ich weiß, euch nervt das Konkurrenzdenken von wegen höher, weiter, schneller, besser. Aber erstens seid ihr auch nicht anders (schöner, schlanker, faltenfreier, dellenloser) und zweitens: **Konkurrenz belebt das Geschäft, es macht halt Spaß zu gewinnen** und zu wissen, wie gut MANN ist. Aber für dieses Spiel haben Mädchen und Frauen wenig Verständnis, leider, in der Grundschule haben die Lehrerinnen ständig versucht, mir das abzuerziehen. Bei jeder Rangelei, Schubserei, Rauferei, Rennerei sind Frau Kirschmüller & Co. vehement eingeschritten, nach dem Motto „Wir sollten unsere Konflikte doch lieber ausdiskutieren und faustlos lösen, uns bitte,

bitte wieder vertragen und einander die Hände reichen". Mit dem Erfolg, dass ich manchmal nicht wusste, wohin mit meiner Power, und vor lauter Frust Papierkörbe umgetreten habe, was natürlich auch nicht ohne Konsequenzen blieb. Das war die Zeit, als mich meine Eltern im Fußballverein angemeldet haben, da durfte ich mich dann austoben – und da war es plötzlich gut, wenn ich schnell war und siegen wollte!

Was ich nicht leiden kann:

a) Wenn jemand unfair kämpft, foult oder ständig den Larry raushängen lässt.

b) Wenn ich auf Mädchen Rücksicht nehmen muss, weil es ein Mädchen ist.

c) Wenn einer nicht zugeben kann, Zweiter zu sein. Kommt halt vor und muss man akzeptieren.

## Warum wir in der Schule Stress haben.

a) Weil viele Lehrerinnen Jungs grundsätzlich störend und nervend finden.

b) Weil sie uns wie Mädchen erziehen wollen und wir natürlich nicht ihren Anforderungen entsprechen.

In der Grundschule war das noch härter, inzwischen habe ich mich daran gewöhnt, niemals eine Eins im Sozialverhalten zu bekommen, weil ich ein Junge bin. Obwohl ich der Müller-Rochefoucauld beim Beamer-Aufbauen geholfen habe. Obwohl ich für die Schülerzeitung schreibe. Obwohl ich zweiter Klassensprecher bin. Aber eine Rempelei mit Juri auf dem Schulhof, und das war's. Aber, hey Leute: Das ist nur Spaß, das ist normal! Wir haben so viel Power, aber die wird sofort verboten, unterdrückt. Die einen von uns gehen deshalb auf den Bolzplatz oder lernen Kick-Boxen, so wie ich, die anderen verschwinden hinter ihren Egoshooter-Games, drangsalieren in der Fußgängerzone andere Leute oder lassen ihren Frust an Mädchen aus.

Und dann halten sie pädagogische Elternabende über Gewalt an der Schule, diskutieren über die unterdrückten Gefühle von Jungs und wundern sich, wenn einer Amok läuft ...

## Warum wir emotionale Bedürfnisse manchmal mit Gewalt stillen.

Tun wir das? Ist mir noch nicht aufgefallen, ist wahrscheinlich so eine psychosoziale Erkenntnis, die von der Hirnforschung gestützt wird. Und garantiert ist das Testosteron schuld daran, wetten? Klar, weil Sexualität und Aggressivität von denselben Gehirnzentren und Hormonen gesteuert wird. Aber hey, das kann doch keine Entschuldigung für eine Vergewaltigung sein! Das muss ich doch unter Kontrolle haben!

Ich glaube, das ist eine Frage der Erziehung und welches Mädchenbild du hast; ich habe gelernt, dass Mädchen völlig gleichberechtigt sind (oder sogar total bevorzugt werden). In anderen Kulturen ist das nicht so: In Indien werden Mädchen verkauft, in Afrika beschnitten und zugenäht, in islamischen Ländern zwangsverheiratet – alles von Männern.

Ich käme nie auf die Idee, einem Mädchen Gewalt anzutun.

## Was wir an Waffen so faszinierend finden.

Mmmh. Soweit ich weiß, gibt es auch Frauen bei der Bundeswehr, im Polizeidienst und in Schützenvereinen, die perfekte Schützen sind. Und das machen die garantiert nicht, um einfach nur einen Job zu haben. Wer einmal so ein „Eisen" in der Hand hatte, ist si-

cher **fasziniert von der kontrollierten Gewalt,** die man damit ausüben kann, und will mehr darüber erfahren.

Mein Onkel, der selbst im Schützenverein ist, hat mal gesagt, jeder Junge sollte mal auf dem Schießstand selbst einen Schuss aus einer großkalibrigen 38er abfeuern und die Gewalt, die davon ausgeht, selbst erleben. Dann würden viele mehr Respekt haben. Und weniger geil auf Waffen sein.

Ich glaube, wir Jungs werden dazu erzogen, Waffen toll zu finden: Zwar haben mir meine Eltern jegliche Form von Spielzeugpistolen verboten, aber Malte und ich haben dann mit Stöcken nachgespielt, was wir im Fernsehen gesehen haben. Und da waren es immer superstarke Helden, die rumgeballert haben, im Bösen wie im Guten, nie superstarke Frauen. Die Message aus Hollywood ist doch klar: Nur mit der Waffe bist du ein echter Kerl! Zum Glück weiß ich das inzwischen besser, die Faszination ist geblieben, muss ich zugeben.

## Warum ich manchmal weine.

Fangfrage, oder? Wenn ich jetzt sage, ich weine nie, heißt es: Harter Kerl, der tut nur so. Wenn ich sage, wenn ich traurig oder verletzt bin, sagt ihr: Logisch, muss er doch sagen.

Opa hat das öfters gesagt: „Hör auf zu weinen, du bist doch ein Junge und kein Mädchen!" Stefanie hat Weinen ganz normal gefunden und Oliver hat das niemals kommentiert, wenn Malte oder ich geheult haben. Selbst im Fußballverein wurde kein Junge ausgelacht, wenn er nach einem üblen Foul weinen musste, wir wurden immer selbstverständlich umarmt und getröstet.

Das letzte Mal geweint habe ich, als Oma gestorben ist. Und neulich beinahe vor Wut und Enttäuschung, als mich Sina wegen Juri hat abblitzen lassen.

## Wieso sich unsere Zehennägel bei dem Wort „romantisch" rollen.

Gegenfrage: Was ist romantisch? Ich finde nichts schöner, als unter sternenklarem Himmel einfach nur dazuliegen. Ohne Kerzenlicht, ohne Musik, ohne Kuscheldecke. Nur ich und der Kosmos, da kommen mir große Gedanken, da bin ich ganz bei mir, da ist für mich die Welt in Ordnung, das finde ich romantisch. Aber Mädchen sind in dieser Hinsicht offensichtlich völlig verdorben: Ohne Kerzenschein und Wohlfühlöl geht gar nix, da müssen Rosenblätter à la *Brigitte extra* gestreut werden ... Sina fängt seit Neustem auch so an, ich glaube, das ist der Einfluss von ihrer Tante Irene, die gerne

mit diesem Eso-Krams kommt. Oder Julia, wenn sie so tut, als ob ihr kalt wäre, und meint, ich müsse jetzt meinen Arm um sie legen und ihr meine Jacke leihen.

Natürlich merke ich, dass Sina bezüglich „Romantik" mehr von mir erwartet als neulich, als sie mit mir unser „Zweiwöchiges" feiern wollte. **Aber würde sie je verstehen, dass JEDER Tag mit ihr für mich ein Fest ist und nicht unser Kennlerntag?!** Soll ich ihr da etwa jeden Tag rote Rosen schenken? Ich habe keine Lust, mich diesen beknackten Erwartungen anzupassen! Zu Valentin ein Blumenstrauß, zum Geburtstag ein Ring? Nee, nicht mit mir. Ich lasse mich nicht von irgendwelchen Klischees vereinnahmen.

Und Zeitgenossen wie dieser Edward aus dieser beknackten Twighlight-Serie (oder Filme wie High-School-Musical) machen uns Jungs derzeit das Leben wirklich schwer. Den finden alle Mädchen sooo romantisch. Kann mir mal eine erklären, warum? Was ist an einem Kerl so toll, der sich total defensiv verhält und IHRE Entscheidung abwartet, anstatt eine eigene zu treffen? Jedem

Mädchen würde geraten werden, sich nicht so abhängig von einem Typen zu machen. Und was macht der? Sich abhängig von ihr! Wo ist da der Unterschied? Was ist daran gleichberechtigt, bitte schön, wenn er sich zum degradierten Affen macht? Sorry, Mädels, in dieser Hinsicht sprecht ihr hier mit dem Falschen, vielleicht stehen Jungs wie Juri auf Kerzenkitsch und Schnuffelhasen. Ich nicht.

## Was mal meine größte Mutprobe war.

Nur eine? Okay, war nur Spaß. Bei meiner Einschulung, da war ich mutig. Da bin ich alleine ohne Sina nach vorne zu meiner Lehrerin gegangen, wir sind nämlich nicht gemeinsam in eine Klasse gekommen. Mutig war ich auch, als ich mich getraut habe, vom Fünf-Meter-Brett im Schwimmbad zu springen. Mann, hatte ich Bammel. Als ich unten war: stolz wie Oskar.

Am mutigsten war ich, als wir die Sache mit Jelko und Marc geklärt haben und ich Marc in der Mangel hatte. Ich bin kein Schlägertyp, aber seit ich Kickboxen trainiere, kommt mir so schnell keiner blöd. Außerdem waren Juri und Marco dabei und hatten Jelko unter Kontrolle. Trotzdem habe ich hinterher gezittert wie Sau.

Ziemlich bammelig war mir allerdings zumute, bevor ich Sina zum ersten Mal geküsst habe, im Museum vor diesem Bild. *Soll ich es wirklich tun? Wie reagiert sie? Was, wenn sie mich auslacht?* So arg Herzklopfen hatte ich noch nie, weder am Sprungturm noch bei Marc. Ehrlich.

## Wovon ich träume.

Frieden und Freiheit für alle. Und nach dem Abi für ein Jahr nach Neuseeland. Das habe ich bisher noch niemandem verraten und das bleibt bitte unter uns, sonst gibt es Stress. Stefanie wird es na-

türlich „cool" finden, wenn ihr Sohn für ein Jahr den Weltenbumm-
ler gibt, aber sie würde vorher alles dransetzen, das zu verhindern.
Ich spare jetzt schon all mein Geburtstags- und Weihnachtsgeld.
Opa bezahlt das Flugticket, er ist der Einzige, der von meinen Plä-
nen weiß und der Verständnis dafür hat, dass ich nicht zielstrebig
an einer Juristen- oder Chefarzt-Karriere arbeite, sondern erst
mal frei sein will. Mir macht dieser Leistungs- und Erwartungsdruck manchmal Angst, alles so durchgeplant. Jemand wie Kleo,
die straight beschlossen hat, nach der zehnten Klasse eine Lehre
zu machen. Oder Marco, der büffelt heute schon für die Mediziner-
prüfung. Ich will mich nicht festlegen!

## Wieso ich gerne mal einen Jungen küssen würde.

Noch so eine Mädchenfantasie. Ich persönlich finde diesen Gedanken eher abstoßend als interessant.

## Wo ich küssen gelernt habe.

Auf dem Bauernhof. In echt jetzt. Im Heuschober mit der Himbeer-
Miezi. Glaubt ihr nicht? Aber wolltet ihr doch wissen: Stefanie
hatte über ein langes Wochenende einen Trip ins Grüne geplant,
voll öde, voll langweilig. Malte und ich mussten natürlich mit,
mein Vater war auch nicht sonderlich begeistert. Gleich am ersten Abend hat Malte die Zwillinge vom Bauern aufgerissen, so
richtige Naturmädel in Gummistiefeln und Walleblusen, total
nett, er hat sich dann heimlich mit beiden zu einer Nachtwan-
derung verabredet, ich musste Schmiere stehen und das offene
Fenster bewachen. Am nächsten Tag hat er mich aus Dankbarkeit
zum Ausflug mit den beiden an einen Badesee mitgenommen,
und nachdem er mit der einen in den Johannisbeerbüschen ver-

schwunden war, blieb ich mit der anderen alleine. Weil mir nichts Besseres einfiel, habe ich sie gefragt, wie sie denn auseinandergehalten werden. Zur Antwort zog sie mich in die Himbeerhecke, später haben wir uns im Heu getroffen. Dort hat sie mir beigebracht, ohne viel Spucke zu küssen, den Mund halb offen, die Zunge im angemessenen Tempo (mal schnell, mal langsam, mal links, mal rechts) kreisen zu lassen. Ich durfte dabei auch ihren Busen anfummeln ... Noch heute kriege ich Gänsehaut, wenn ich Himbeeren esse.

## Warum Sinas Knutschfleck voll peinlich war.

Oh, erinnert mich bitte nicht daran, das war der peinlichste Moment meines Lebens! Keine Ahnung, warum ich sie damals nicht richtig auf den Mund geküsst, sondern an ihrem Hals gesaugt habe. Ich kenne Sina seit Ewigkeiten, da wäre überhaupt nichts dabei gewesen ... und doch ... es war an ihrem 13. Geburtstag und sie hatte den Sommer über irgendwas mit Juri laufen (hat sie scheinbar immer noch). Ich war tierisch eifersüchtig (bin ich heute erst recht) auf ihn, weil er auch eingeladen war und Sina ihm den ganzen Nachmittag über nicht von der Seite wich. Na ja, und danach, die Arme! Alle wollten wissen, was sie da am Hals hat, sie trug ja mindestens sechs Wochen lang diesen Zebraschal. Ich an ihrer Stelle wäre vor Peinlichkeit in den Boden versunken ... Erst Wochen später habe ich mich getraut und mich bei ihr entschuldigt, sie hat wirklich großartig reagiert. Inzwischen hat sie es glücklicherweise vergessen.

## Warum ich nicht in der Öffentlichkeit knutschen will.

Um mal eins klarzustellen: **Ich habe keine Probleme, meine Gefühle für Sina zu zeigen, und stehe zu ihr.** Wenn ich will, küsse ich sie auf offener Straße vor versammelter neugieriger Nachbarschaft! Aber wenn ihr auf diesen Pärchenabend anspielt, das war mir echt zu gaga, das müsste Sina, wenn sie ehrlich ist, ebenfalls zugeben. Das war voll der Gruppenzwang, total aufgesetzt. Da wäre ich lieber zu Hause geblieben.

## Warum ich auf Juri eifersüchtig bin.

Weil der Arsch ständig in Sinas Nähe rumhängt. Noch schlimmer: Ihr SMS schickt und Geschenke macht. Am schlimmsten: Er bringt sie zum Lachen. Am allerschlimmsten: Sie findet das gut! Er hat sogar Schokobrötchen extra für sie gebacken. Und sie haben sich abends im Biergarten getroffen, als ich weg war. Sina hat mir natürlich nichts davon erzählt, ich habe es von Julia erfahren. Hoffentlich vermisst sie ihn während ihres Urlaubs nicht mehr als mich.

## Wieso mir Sina manchmal Angst macht.

Wenn sie sich so wie neulich im Minikleid, frisch geduscht und gestylt auf meinen Schoß setzt und meint, wir könnten doch zu Hause bleiben, es wär ja keiner da! Da schiebe ich echt PANIK. Was wollte die da von mir? Sebastian (oder Typen wie Malte) hätten ihre Chance natürlich genutzt und ausgiebig geküsst und geknutscht und gestreichelt und wer weiß was noch getan. Aber mir geht das zu schnell, ich bin noch nicht so weit, im Moment reicht es mir völlig aus, zu wissen, dass Sina meine Freundin ist. Außerdem: Ich muss doch keine Checkliste abhaken, Marco ist auch schon ständig an mir dran, ihn interessiert das Thema brennend, wohl auch, weil Milli, wenn's drauf ankommt, ziemlich prüde ist. Jetzt will er natürlich wissen, wie Sina so ist und wo sie ihre Hand hat, wenn wir uns küssen. Aber

da kann er lange warten, von mir wird er keine Geschichten hören. Sina macht mir nicht nur deswegen Angst, weil sie vielleicht mehr von mir will als ich von ihr. Nee, es ist auch so die Art, wie sie ihr Leben geregelt bekommt. Zum Beispiel damals die Sache mit Melanie und der Mobberei, da hat sie sich voll reingekniet. Oder die Müller-Rochefoucauld, die kann Sina zwar nicht leiden, aber Sina lässt sich von der nicht unterkriegen, knallt der sogar ein Eins-a-Referat vor, PowerPoint, mit Beamer! **Das finde ich toll – und es macht mir Angst, weil ich mich neben ihr so klein fühle, überrumpelt, unter Druck gesetzt und nicht weiß, wie ich darauf reagieren soll.**

## Warum ich vorm ersten Mal Angst habe.

Ich habe den Fehler gemacht und in der Bravo geblättert, Dr. Sommer und so, ihr wisst schon. Da stand was von Schritt-für-Schritt-Anleitung, von wegen vorher gemeinsam baden und dann gegenseitig massieren, bevor man ins Bett geht, das Vorspiel startet und dann miteinander schläft. Aber Liebe machen ist doch nicht mit einem Lego-Bausatz zu vergleichen?! Wollen Mädchen wirklich Sex nach Anleitung?

ICH will es auf alle Fälle nicht.

Natürlich bin ich längst aufgeklärt, aber es ist ein großer Unterschied, ob es im Biobuch steht oder ob du ein Mädchen live zum Anfassen vor dir hast: SINA. Mit der es total schön ist, zu küssen, sie im Arm zu halten. Und vielleicht irgendwann mal mehr, jetzt noch nicht.

Um es kurz zu machen: **Ich bin total verunsichert,** aber was kann mir schon passieren, schließlich ist das beste Mädchen der Welt meine Freundin.

Ich werde Malte mal fragen.

## Warum ich Sina nicht sagen kann, dass ich sie liebe.

Liebe ... ein großes Gefühl. Das habe ich für Sina, tief und ehrlich, wenn ich morgens aufwache, denke ich als Erstes an sie, wenn ich abends einschlafe, schicke ich ihr in Gedanken einen Gutenachtkuss.

Aber: Das kriege ich nicht hin, das kann ich ihr nicht einfach so sagen, nur weil sie es vielleicht hören will – oder weil es „üblich" ist und die anderen Jungs es auch so machen.

Also, für mich ist klar: **Ich sage nichts, was ich nicht meine, nur um meine Freundin glücklich zu machen.** Das fände ich unehrlich. Deswegen konnte ich ihr vorgestern beim Abschied auch kein „Ich werde es ohne dich nicht aushalten" ins Ohr flüstern, wie sie das offensichtlich erwartet hat. Ganz traurig ist sie nach Hause gegangen, aber sorry, erstens kommt sie doch schon bald wieder, zweitens will ich noch ganz lange mit ihr zusammen sein und drittens halte ich es ein paar Tage ganz gut ohne Sina aus.

Andererseits: Es fuchst mich schon, dass Sina so auf die offene Art von diesem Juri abfährt. Vielleicht muss ich sie mit ihren eigenen Waffen schlagen und ihr ein besonderes Geschenk machen. Ich habe da auch schon eine Idee ...

# Warum es DER Urlaub, aber DIE Ferien heißt

In drei Tagen sitzen wir endlich im Flieger! Einerseits freue ich mich riesig auf das Meer und den Strand, andererseits weiß ich schon jetzt, dass ich Yannis tierisch vermissen werde. Und Juri auch. Das ist nämlich mein neustes Problem. Seit dem Biergartenabend neulich macht sich Juri Hoffnungen, ruft hier ständig an und will sich mit mir verabreden – was mir schmeichelt und den Bauch kribbelig macht, mich aber auch in große Gewissensnöte bringt, denn wenn ich ehrlich bin, mag ich Juris unkomplizierte, flippige Art total gerne ... und andererseits ist er so klar und weiß so viel. Anders als Yannis, bei dem ich oft Rätsel raten muss, welche Laus ihm denn nun schon wieder über die Leber gelaufen ist.

Ist es schon Untreue Yannis gegenüber, wenn ich überhaupt an Juri denke? Aber andersherum: Müsste nicht Yannis von seiner Männertour eine Ich-vermiss-dich-SMS nach der nächsten an mich schicken?

Über mein Liebeschaos kann ich dooferweise mit niemandem reden: Kleo würde es nicht verstehen, Milli ist nicht da und Julia geht es nichts an, wahrscheinlich würde sie schnurstracks zu Yannis flitzen, ihm alles petzen und ihn womöglich trösten. Also grüble ich ohne Ende, horche in meinen Bauch hinein, mache eine Liste nach der nächsten ... in der Hoffnung zu wissen, für wen mein Herz schlägt, wenn ich endlich Yannis wieder gegenüberstehe und er mich liebevoll in seine Arme zieht.

Als der von seiner „Männertour" wieder da ist, kommt er allerdings nicht sofort zu mir rüber, sondern erst ein paar Stunden später. FETTE MINUSPUNKTE. Als wir uns dann gegenüberstehen, passiert erst mal gar nichts: Keine stürmische Begrüßung, keine leidenschaftlichen Küsse, kein romantisches Mitbringsel. Da kann es in meinem Bauch auch nicht kribbeln, sorry ...

Kniefall und rote Rosen – das sind Klischees aus Hollywood, die weder zeitgemäß sind noch der Realität entsprechen. Bitte mach dir keine geheime Checkliste, womit dir dein Freund seine Liebe beweisen soll! Nimm ihn so, wie er ist, und prüfe, ob DU die Art magst, wie er dir gegenüber seine Gefühle bekundet, ob sich das für dich rundum gut anfühlt. Das ist das Einzige, was zählt.

Wir sitzen also einfach so in meinem Zimmer herum und machen – erst mal gar nichts. Yannis macht wieder einen auf Schweiger. Sätze wie „Du, ich habe dich vermisst" oder „Ich freue mich so, dich zu sehen!" (wie zum Beispiel Juri das strahlend sagen kann) kommen nicht über seine stockfischigen Lippen. Macht nichts, kurz darauf liegen wir uns in den Armen und knutschen, knutschen, knutschen ... (was zum Beispiel Juri nicht so gut kann – oder vielleicht doch?). Bis Papa unmissverständlich die Treppe heraufruft: „Wann geht denn der junge Mann?"

Yannis scheint mich doch vermisst zu haben! Wie süüüüüüüüß!!!

„Dass ihr Mädchen heute so früh schon einen Freund haben müsst!", meint Oma Doris halb amüsiert, halb ehrlich empört, als sie heute zum Tschüss-Sagen bei uns vorbeischaut. Sie hat vom Küchenfenster aus beobachtet, wie Yannis und ich uns gerade eben am Gartentor ausgiebig geküsst haben.

„Was ist denn dabei?", will ich wissen. „Ich muss den ja nicht gleich heiraten!"

„Darum geht es ja", seufzt meine Oma. „Früher war das anders. Wenn du mit einem Burschen angebändelt hast, wurde sich verlobt und geheiratet, aus, fertig. Um die große Liebe ging es da nicht."

Nicht nur in streng muslimischen, sondern auch in streng katholischen Familien galt und gilt die Vorstellung, dass eine Frau dem Mann gehört und ergo auch ihre Jungfräulichkeit. In unserem heutigen westlichen Kulturkreis ist es inzwischen nicht mehr so strikt. Allerdings wünschen sich Männer wie Frauen feste Partner, die vor ihnen noch nicht so viele sexuellen Erfahrungen hatten.

„Jaja, ich weiß. Geschlechtsverkehr gab es erst in der Hochzeitsnacht und gegenseitig nackt hat man sich auch nicht gesehen ...", lästere ich und Oma grinst.

Wie mir das auf den Zeiger geht, dieses Früher-war-alles-besser-Gelaber.

„Sina!", weist mich meine Mutter zurecht, zwinkert mir aber heimlich zu.

„Ein Mädchen war so viel besser geschützt", macht Oma ungerührt weiter. Will sie mich jetzt provozieren oder wieso erzählt sie mir das alles? „Kein Mann hätte es gewagt, ihr vor der Ehe die Ehre zu rauben ... Leider geht ihr jungen Mädchen heute mit diesem Thema viel zu leichtfertig um, deine Mutter musste ja unbedingt auch ihre eigene Erfahrung machen." Ein Blick Richtung Mama sagt mir, dass die Sache mit Paul damals garantiert alles andere als einfach für sie gewesen sein muss. Leider weiß ich nicht allzu viel darüber, Mama ist nie richtig rausgerückt damit, wie das alles so gekommen war.

„Zum Glück müssen wir nicht gleich heiraten!", sage ich jetzt, um Oma zu ärgern. „Woher weiß ich heute, ob ich mein Leben lang mit Yannis verbringen will? Ich finde es ganz praktisch, wenn ich erst mal austesten kann, ob wir wirklich zueinanderpassen." Ich muss dabei an Juri denken, der vorhin ganz traurig abgezockelt ist, als er mitbekommen hat, dass Yannis wieder da ist und ich leider keine Zeit zum Skaten habe. Es hat mir schon einen Stich versetzt ...

„Früher dachten da die Mädels anders." Oma Doris schüttelt den Kopf, offenbar habe ich einen wunden Punkt erwischt. „Da waren wir froh, wenn sich ein Bursche für uns interessierte, uns heiratete und fortan für uns sorgte. Aber diese, äh, wie sagt man ... Emanzen von heute wollen das ja nicht mehr, die wollen sich lieber selbst verwirklichen." Vorwurfsvoll guckt sie wieder meine Mutter an. Dabei hat diese seit Leons Geburt alles andere gemacht als sich selbst verwirklicht, ich glaube, Oma verwechselt da was. Früher arbeitete Mama als Arzthelferin, ich kann mich noch gut an die Jonglage erinnern: Ich bei Oma Doris oder in der Kita, Paul im Hort, sie immer in Hetze und mit schlechtem Gewissen, oft den Tränen nahe und total müde ...

Die traditionelle Rollenverteilung nach 1945 sah es vor, dass Frauen (mit oder ohne Berufsausbildung) nach der Geburt der Kinder sich alleine um Erziehung und Haushalt kümmerten, während ihr Mann alleine die finanzielle Versorgung sicherstellte. Entsprechend wurden die Kinder mit klaren Regeln erzogen: Mädchen als künftige Hausfrauen zum Bügeln, Backen, Dekorieren etc. und Jungs als verantwortungsvolle Versorger.

Diese Rollenbilder brechen gerade auseinander, derzeit findest du die unterschiedlichsten Entwürfe. Die Differenzierungen sind enorm: Männer, die ihre Karriere durchziehen, neben Vätern, die selbstverständlich zugunsten ihrer Familie Elternzeit nehmen oder auf die nächste Beförderung verzichten. Frauen, die zwischen Küche, Kita und Job hetzen, und Mütter, die sich bewusst für ihr Hausfrauendasein entschieden haben. Oder Familien, in denen selbstverständlich beide Elternteile arbeiten und sich beide um Haushalt und Kinder kümmern.

Weil alles möglich ist, fällt heutzutage die Orientierung schwer: Wie (und zu was?) werden Mädchen erzogen? Und wie (und zu was?) ein Junge? Wir befinden uns aktuell in einer gesellschaftlichen Umbruchphase, in der es nicht mehr eine Rollenverteilung zwischen Mann und Frau gibt.

Mama grinst unglücklich. „Was heißt hier: selbst verwirklichen?! Und was ist daran so schlimm? Es geht doch nur darum, dass wir Frauen uns endlich aus dieser materiellen Abhängigkeit befreien und die Männer nicht mehr über uns bestimmen. Romantisch ist Liebe nur im Film, die Realität sieht anders aus."

Irgendwie kann ich der Diskussion kaum folgen. Wovon reden die eigentlich? Wieso sollten Männer über mich bestimmen? Und wieso soll Liebe nicht romantisch sein? Wenn ich da an Yannis denke ... Als ob meine Mutter meine Gedanken erraten hätte, fährt sie jetzt fort: „Guck nicht so, Sina, du hast schon richtig gehört. So frei, wie du das heute erfährst, war es nicht immer. Und in manchen Kulturen ist es heute ja noch so, dass Frauen weniger Rechte haben und dem Mann unterstellt sind." Und dann erzählt sie, dass es im Mittelalter bis in die Neuzeit nur Jungs erlaubt war, lesen und schreiben zu lernen, Mädchen dagegen ins Kloster gesteckt wurden, wenn sie zu neugierig waren, oder gar als Hexe verbrannt wurden, wenn sie zu viel wussten. Selbst Hildegard von Bingen hat ihre naturheilkundlichen Schriften nicht selbst verfasst, sondern ihrem Schreiber diktiert.

„Denn wer die Sprache hat, hat die Macht", zitiert Mama seufzend und ich muss an die Jungs in unserer Klasse denken, die uns Mädchen vom Unterricht ablenken. Nicht, weil sie so viel sagen würden, sondern, weil sie tierisch laut sind und ständig dazwischenquatschen. Bei dem Lärm, den die veranstalten, kann kein Mensch gescheit lernen.

„Daran hat sich bis heute nichts geändert", fährt Mama fort, „auch wenn es inzwischen zahlreiche Reformen und Gesetze zur Gleichstellung der Frau gibt, hatten Männer von jeher ein Auge darauf, was Frauen dürfen und was nicht. Das liegt nun mal an der patriarchalischen Struktur unserer Gesellschaft, da kommen wir wohl so schnell nicht von los."

---

Das Wort *Patriarchat* leitet sich vom griechischen patriarchos (Erster unter den Vätern bzw. Stammesführern) ab und bezeichnet die „Herrschaft des Mannes" innerhalb einer Kultur. Das bedeutet, die Gesellschaft ist auf den Mann fixiert und erwartet von ihm ein entsprechendes Rollenverhalten, das ihm eine geschlechtsgebundene Machtposition gegenüber Frauen und Kindern verleiht. König oder Papst – die traditionellen Herrscher waren in unserer westeuropäischen Kultur bis auf wenige Ausnahmen stets männlich. Erst 2005 wurde in Deutschland mit Angela Merkel als Bundeskanzlerin zum ersten Mal ein weibliches Staatsoberhaupt gewählt.

---

„Das ist halt so, der Mann hat das Sagen. Wenn Opa Dieter nicht pünktlich um 12 Uhr sein Mittagessen bekam, hing der Haussegen schief. Meinst du, ich wollte das riskieren?" Oma zuckt mit den Schultern. „Außerdem war er es, der das Geld verdiente, er war stolz darauf, dass ich nicht arbeiten gehen musste. Meine Aufgabe war es, mich um das Haus und die Kinder zu kümmern. So, wie deine Mutter es heute selbstverständlich tut und alle Frauen es tun sollten, weil es nun mal ihre Bestimmung ist." Wieder ein finsterer Seitenblick.

Ich bemerke, wie Mama die Stirn runzelt und dass sie gerne etwas erwidern würde. Milli an ihrer Stelle hätte das Kotzzeichen gemacht. Aber offensichtlich ist ihr nicht nach Diskussion mit Oma zumute.

„Der Unterschied ist nur, dass Papa ihr nicht verbieten würde, wieder arbeiten zu gehen, wenn sie es nur wollte", antworte ich an ihrer Stelle. „Das wäre ja noch schöner! Im Gegenteil, er fände das völlig normal. Es ist doch selbstverständlich, dass jede Frau heute selbst entscheidet, welche Ausbildung sie macht, ob sie studiert, welchen Job sie wählt, wann sie arbeitet – ob sie überhaupt heiratet und Kinder kriegt."

---

**Eine kleine Chronik der Selbstverständlichkeit:**

**1789–1793** Im Zuge der Französischen Revolution werden zum ersten Mal volle Bürgerrechte für Frauen, die Gleichstellung von Mann und Frau und das Frauenstimmrecht gefordert.

**1850** „Frauenpersonen" sind in politischen Vereinen verboten (§ 8 des Vereinsgesetzes, gültig bis 1908)

**1865** Luise Otto-Peters und andere Frauen gründen den (bürgerlichen) „Allgemeinen Deutschen Frauenverein". Ihre Forderung: Erschließung aller Bildungsmöglichkeiten für Frauen, Recht und Anspruch auf Arbeit und das Recht der freien Berufswahl. August Bebel fordert die Gründung von Arbeiterinnenvereinen und die Zulassung der Frauen zu allen Berufen.

**1870** Im US-Bundesstaat Wyoming können Frauen erstmals in der Geschichte wählen (in Deutschland 1919, in der Schweiz 1971).

**1878** Erstmalige Regelung zum Mutterschutz (Beschäftigungs-  verbot für die Dauer von drei Wochen nach der Niederkunft, unbezahlt).

**1882** Die erste Krankenkasse für Frauen und Mädchen wird gegründet.

**1891** Im Reichstag wird das erste Arbeiterinnenschutzgesetz verabschiedet, Frauenarbeit unter Tage wird verboten. Die Zulassung von Frauen zum Universitätsstudium wird verweigert.

**1900** Inkrafttreten des Bürgerlichen Gesetzbuches (BGB). Hierin wird die Rechtsstellung der Frau in Ehe und Familie im Sinne der patriarchalischen Tradition verankert, d. h., dem Ehemann kommt das Entscheidungsrecht in allen Fragen des Ehe- und Familienlebens zu.

**1901** Baden ist das erste Land, in dem Mädchen höhere Jungenschulen besuchen und sich an Hochschulen unter den gleichen Bedingungen wie Männer immatrikulieren können, gut zehn Jahre später studieren an allen Hochschulen in Deutschland 3.900 Studentinnen.

**1908** Laut neuem Reichsvereinsgesetz werden Frauen zu politischen Vereinen zugelassen.

**1918** Die Weimarer Verfassung erteilt Frauen das aktive und passive Wahlrecht.

**1937** Als Folge der Aufrüstung werden Frauen zur Arbeit in Munitionsfabriken verpflichtet.

**Seit 1949** Die Gleichberechtigung von Mann und Frau wird im Grundgesetz verankert, eine Reihe von Regelungen und Gesetzen regeln in verschiedenen Entwicklungsstufen Arbeitsrecht und Mutterschutz im Sinne der Frauen, der § 218 (Schwangerschaftsabbruch) wird formuliert.

**1977** Das Ehe- und Familienrecht wird reformiert, wichtigste Punkte sind Gleichberechtigung und das Partnerschaftsprinzip (es gibt keine gesetzlich vorgeschriebene Aufgabenteilung mehr).

**1980** Übereinkommen zur Beseitigung jeder Form von Diskriminierung der Frau: Verbot aller Diskriminierungen von Frauen und Männern wegen des Geschlechts sowie die Verpflichtung der Vertragsstaaten, wirksame Maßnahmen zum Abbau rechtlicher und tatsächlicher Ungleichheiten zu ergreifen. Rente und Mutterschutzgesetz werden beständig verbessert und reformiert, es gibt Frauenbeauftragte, die sich in verschiedenen Gremien für die Rechte der Frauen einsetzen.

**2001** Frauen dürfen zum Bund und Dienst mit der Waffe leisten.

**2006** Das Gleichbehandlungsgesetz tritt in Kraft, es bezweckt den Schutz vor möglicher Benachteiligung durch das Geschlecht.

**2007** Das Elternzeitgesetz regelt den Bezug des Elterngeldes. Demnach kann Vater wie Mutter nach der Geburt des Kindes jeweils bis zu zwölf Monaten zu Hause bleiben.

Aktuell fördert die Bundesregierung durch eine attraktive (!?) Regelung der Elternzeit, dass mehr Männer sich von Anfang an aktiv an der Erziehungsarbeit beteiligen.

*Mehr in: Barbara Sichtermann,*
*Kurze Geschichte der Frauen-*
*emanzipation, 2009*

„Also, ich weiß nicht ... Opa Dieter war froh, dass ich mich um alles gekümmert habe und immer für ihn da war. Warum sollte ich denn arbeiten gehen? Ich hatte ja genug mit dem Haushalt zu tun!" Oma Doris rückt ihre Brille zurecht. „Und dass er sich an der Hausarbeit beteiligt, wie das Matthias heute selbstverständlich macht ... ich war doch den ganzen Tag zu Hause, was sollte er da noch Mülleimer runtertragen oder die Wäsche bügeln?"

Ich erwische einen amüsierten Blick von Mama. „Stimmt, dazu war er sich immer viel zu schade. Sein Standardspruch war eher: ‚Hilf deiner Mutter, wie es sich gehört, schließlich musst du das lernen.'" Dann wird ihr Blick wieder ernst. „Klar habe ich diesbezüglich eine erstklassige Ausbildung erhalten. Ich kann knitterfrei bügeln, astreine Schnittchen belegen und nett und adrett den Haushalt führen. Mein lieber Bruder Thomas musste da nie ran ... niemand hat mir beigebracht, wie ich Job, Haushalt und Kindererziehung unter einen Hut bringen soll, geschweige denn, wie ich dabei gleichzeitig kreativ, sportlich und sexy bleibe." Letzteres sagt sie ernst und mit leiser Stimme. Oma schweigt. Sie sieht aus, als würde sie sich am liebsten dafür entschuldigen.

Hat Mama deswegen ihren Job nach der Geburt von Leon aufgegeben? Weil sie das nicht geregelt bekommen hat? Aber warum hat Papa sie dabei nicht mehr unterstützt? Er ist doch gar nicht so ...

Mama streicht mir jetzt sanft durch die Haare. „Sorry, Sina", sagt sie leise. „Tut mir leid, ich will dir keine Angst machen. Nur manchmal kann Frausein ganz schön kompliziert sein – auch ohne Pickel und Periode."

„Alles nur wegen der Jungs", murmle ich und ernte ein Lächeln.

„Dabei können sie so süß sein!"

In dieser Nacht schlafe ich schlecht. Ich träume von einer wilden Hexe in einem Klostergarten, die Papas Hemden bügelt und dabei die ganze Zeit über singt „Ich will 'nen Cowboy als Mann". Eine Nonne ist unterdessen dabei, mir das Nähen von Leinenunterhosen beizubringen, damit ich eine ordentliche Arbeit lerne und nicht eine dreckverschmierte Automechanikerin werde. Völlig gerädert wache ich am nächsten Morgen auf, selbst eine eiskalte Dusche bringt mich nicht auf Trab.

„Das liegt am Vollmond", meint Tante Irene, als ich später mit ihr telefoniere, um mich von ihr für die nächsten zwei Wochen zu verabschieden. „Da schlafe ich auch immer so schlecht. Wusstest du, dass es nur in der deutschen Sprache *der* Mond und *die* Sonne heißt, in anderen Sprachen und Kulturen aber genau umgekehrt ist?"

Typisch Irene, denke ich grinsend, die muss immer mit so feministischen Eso-Krams antanzen. Was interessiert mich denn, ob es Mond oder Mondin heißen soll? Und wer hat was davon, ob es *eine* Mondgöttin und *einen* Sonnengott gibt oder eine Mond und einen Sonne?

In den meisten Sprachen der Welt ist „Mond" (lat. luna) weiblich und symbolisiert traditionelle weibliche Energien: Mütterlichkeit, Einfühlungsvermögen, Feinfühligkeit, Unbewusstes, Fantasie, Intuition, Empfänglichkeit. „Der" Sonne (lat. sol) dagegen werden männliche Eigenschaften wie Stärke, Kraft und Licht zugeschrieben. Diese „Zuweisungen" sind kulturell bedingt und in vielen Jahrhunderten, Jahrtausenden gewachsen.

„Interessant daran ist die Abhängigkeit der Mondin von dem Herrn Sonne", meint Irene. „Ohne das Licht der Sonne würde sie nicht scheinen, das spiegelt die typische Versklavung der Frau durch den Mann."
„So ein Quatsch, die brauchen sich doch gegenseitig", entfährt es mir. „Ohne Mond könnte sich die Sonne nicht spiegeln, ohne

Mütterlichkeit gäbe es auch keine Männlichkeit, hast du daran schon mal gedacht?" Und bevor mich Irene noch weiter mit ihrem feministischen Kram zutexten kann, wechsele ich schnell das Thema. Erstens will ich wissen, ob sie morgen mit an den Flughafen kommt, was sie glücklicherweise bejaht, zweitens, ob mein Lieblings-Onkel Ösi ebenfalls dabei ist („Nein, er muss bei Schwaderlapps auf dem Schrottplatz seine Original-Fensterkurbel abholen"), und drittens, ob sie mir für den Urlaub ein paar Bücher empfehlen kann, sie hat immer so gute Tipps auf Lager. Ich möchte etwas Witziges, das man gut am Strand lesen kann. Aber offensichtlich trägt Irene heute einen Damenbart samt lila Latzhose, denn gleich macht sie mich an:

„Ha, jetzt sag bloß nicht, du willst so typische lesefutterleichte Mädchenbücher für den Liegestuhl! Bloß nichts Gehaltvolles für die Birne, was? Bloß nichts zum Nachdenken!", schnaubt sie. „Schon mal darüber nachgedacht, dass es lauter Männer in den Verlagen sind, die dafür sorgen, dass ihr mit rosaroten Zuckerguss-Titeln überzogen werdet? Und warum? Nur damit ihr brav in eurer Rolle des niedlichen, angepassten Mädchens bleibt und euch keine eigene Meinung bildet."

Uff, das muss ich erst mal sacken lassen.
Wie meint sie das denn jetzt schon wieder?

„Schon mal überlegt, dass Lesen Spaß machen darf?", blaffe ich zurück. „Was ist denn dabei? Bei 30 Grad im Schatten kann ich nun mal nicht Goethes Faust lesen. Das ist *meine* Meinung!"

Offensichtlich merkt sie, dass ich ihren Ausführungen nicht folgen will. Soweit ich informiert bin, regeln Angebot und Nachfrage den Markt.

Und wenn ich mich nicht sehr täusche, sind Bücher für Mädchen der absolute Renner. Oder wieso liegen die gleich stapelweise in jeder Buchhandlung?! Weil Mädchen mehr lesen als Jungs. Und lesen bildet ja wohl, oder? Was soll daran falsch sein, bitte schön?

„Na ja, Sina, überlege dir mal, worum es in diesen sogenannten Mädchenbüchern geht", fährt Irene fort. „Da geht es immer um Jungs, ums Knutschen und Küssen, kriegen sie sich oder nicht. Gibt's kein Happy End, ist es ein schlechtes Buch, sind sie rosarotromantisch und glücklich bis ans Ende aller Tage, ist es der Bestseller."

„Aber so ist das nun mal", blöke ich ins Telefon. Ich habe keine Lust, mir von Irene den Spaß an meinen Schmökern verderben zu lassen. Andererseits ... ich ahne schon, worauf sie hinauswill, ich kenne sie gut genug.

„Diese Bücher bestätigen doch nur die Rollenklischees: Jungs kommen vom Mars, wollen immer nur rumballern und können im Kühlschrank nicht die Butter finden, obwohl sie direkt vor ihrer Nase steht. Mädchen sind von der Venus, quatschen endlos und wissen nicht, was die Abseitsregel ist", redet sich meine Tante jetzt in Rage. „Oder bringt dich das wirklich weiter? Klar sind die Mädchen von heute aufgeschlossen und selbstbestimmt, frech heißt es ja. Aber letztendlich warten sie immer noch auf ihre Erlösung durch den Märchenprinzen, weil ihnen das allerorten gepredigt wird, auch wenn keine Einzige mehr von ihnen Märchen liest!"

Im Zuge der bürgerlichen Aufklärung und der Entstehung von Unterhaltungsliteratur für den bürgerlichen Literaturmarkt im 18. und 19. Jahrhundert entstanden die ersten Bücher für Mädchen. Da Mädchen zu jener Zeit bestimmte Eigenschaften zugeschrieben wurden (Verwalterin des Hauses, angepasstes, tugendhaftes Verhalten, Hingabe, Opferbereitschaft, Passivität, Mann als Fixpunkt), mussten sie entsprechend „erzogen" werden. Das traditionelle Mädchenbuch diente also neben der Erbauung vor allem der Sittenlehre und der Darstellung von tugendhaften Mädchen (vgl. Emmy von Rhodens „Der Trotzkopf" oder Else Urys „Nesthäkchen"). Seit der Emanzipationsbewegung der 70er-Jahre haben sich die Rollenbilder im sogenannten emanzipatorischen Mädchenbuch verändert: Mädchen lernen selbstverständlich Männerberufe, erleben selbstbestimmt und frei ihre Sexualität, sind nicht mehr länger Opfer, sondern Gestalterin ihres Lebens bzw. ihrer Pubertät. Dennoch schleichen sich auch hier Stereotype ein: Mädchen folgen heute einem bestimmten Schönheitsideal, wollen berühmt und am liebsten Model sein, spiegeln sich nach wie vor im Begehren der Jungs – und lesen mit Vorliebe unterhaltsame Mädchenbücher, die sie genau in diesem „emanzipierten" Rollenklischee bestätigen.

**SINAS kunterbunte LESELISTE**
Mädchenbücher zum Thema weibliche Identitäten

*Narinder Dhami, Kick it like Beckham, 2006.*
Zum Entsetzen ihrer indischen Eltern will Jess lieber Fußballerin statt Ehefrau werden.
Coole Lovestory!

*Karen-Susan Fessel, Steingesicht, 2001.*
Nach dem Aidstod ihrer Mutter lernt die 15-jährige Leonie ihr Leben leben – und das Lachen.

Total echt!

*Suzanne Fisher Staples, Die Sterne über Peschawar, 2006.*
Nadschmah lebt auf der Flucht vor den Taliban, aber wird sie deshalb Afghanistan verlassen?

Hat mich sehr beeindruckt!

*Margret Greiner, Jefra heißt Palästina, 2006.*
Ein Mädchen in Jerusalem sehnt sich nach Frieden im Nahen Osten.

!!!

*Sally Grindley, Das Mädchen Lu Si-Yan, 2006.*
Es geht um den Kreislauf von Armut, Ausbeutung und Abhängigkeit, um Kinderarbeit in China.

Nie wieder Made in China.

*Patricia McCormick, Verkauft, 2008.*
Die dreizehnjährige Lakshimi wird an eine Bordellbesitzerin in Kalkutta verkauft.

Hat mich sehr betroffen gemacht.

*Han Nolan, Born Blue, 2005.*
Janie wächst bei Pflegeeltern in den Südstaaten auf, das weiße Mädchen singt wie eine Schwarze ...

Und ich dachte, Rassismus wäre out.

*Marjane Satrapi, Sticheleien, 2005.*
Comic über das, was iranische Frauen im Alltag bewegt: Zwangs-verheiratung, Jungfräulichkeit, Essen bereiten ...

Fühlt sich seltsam vertraut an, was die so erzählen.

*Kashmira Sheth, Schwarzer Vogel, süße Mango, 2007.*
Jeeta aus Mumbai soll verheiratet werden, aber sie ist in einen anderen verliebt.
Generationskonflikt pur! Leicht zu lesen.

*Anja Tuckermann, Weggemobbt, 2005.*
Ausländerfeindlichkeit und Mutprobe zwischen zwei Mädchen und ein Junge, der sich traut.

Wichtiges Buch.

*Do van Ranst, Rabenhaar, 2008.*
Fatima „spielt" Hochzeit, die einzige Möglichkeit, sich gegen die patriarchalisch geprägte Tradition ihrer muslimischen Kultur aufzulehnen.
Lacher-im-Hals-stecken-bleib

Nachdenklich lege ich auf. Dass Irene einem auch immer den Spaß an der Sache verderben muss! Ich habe nun mal keine Lust, mich ständig zu reflektieren und darüber nachzudenken, ob so ein Glitzerbuch jetzt literarisch wertvoll ist oder nicht, wir sind doch nicht beim Literarischen Quartett! Ich finde es eben gut, wenn ich lesen kann, dass es anderen Mädchen im meinen Alter genauso geht wie mir, dass sie die gleichen Probleme mit Jungs und Eltern haben wie ich. Andererseits hat

Irene auch ein bisschen recht: Für gehaltvolle Sachbücher oder anspruchsvolle Literatur interessiere ich mich nicht sonderlich. Aber mal ehrlich und unter uns: Wer tut das schon, außer Frau Dehmel, unserer Schulbibliothekarin? Hauptsache, ich lese! Hauptsache mit Lust und Vergnügen. Und die Bestsellerliste der „Erwachsenenliteratur" ist ja nun auch nicht gerade voll mit ausnahmslos hoher Literatur!

„Dann verabschiede dich mal von deinem Yannis und versprich ihm, dass du treu bleibst", meint Mama scherzend, als ich nach dem Telefonat mit Irene völlig gebügelt in die Küche komme, um mir einen O-Saft einzuschenken.

„???" Mehr bringe ich nicht heraus. Hat sie etwa mitgekriegt, dass mir Juri nicht ganz so egal ist, wie ich gerne nach außen hin tue? Jetzt noch ein Urlaubsflirt würde die Sache nicht leichter machen ...

„Weil man das so macht, wenn man sich von seinem Freund für längere Zeit verabschiedet und ohne ihn in den Urlaub fährt." Mama zwinkert mir zu, nach dem Motto „Musst dich ja nicht dran halten".

„Weil MANN das so macht?" Empört gucke ich sie an. „Oder weil DU findest, dass ich es tun sollte? Ich würde lieber selbst entscheiden, was ICH mache."

Wer die Sprache hat, hat die Macht oder wie war das?

Jetzt kapiere ich, was Irene vorhin meinte.
Der Sonne, die Mondin ... Es lebe DAS Lila.

Die Redensart „Das macht man so" bezieht sich auf eine gesell-
schaftliche Regel, die „man" aufgestellt hat. Doch wer oder was ist
dieser „man"?

Das Indefinitpronomen „man" (vgl. auch jemand, jedermann, niemand) stößt nicht zu Unrecht auf feministische Kritik. Zwar dient
es zur Kennzeichnung von Personen und Sachen und ist hinsicht-
lich seines Geschlechtes unbestimmt, also neutral. Die lautliche
Nähe zum Substantiv „Mann" ist jedoch nicht von der Hand zu
weisen. Ähnliches gilt auch bei verallgemeinerten Ansprachen:
Liebe Leser, liebe Bürger, liebe Schüler, liebe Studenten ... selbstverständlich sind heutzutage hiermit auch weibliche Leser, Bürger,
Schüler etc. gemeint und angesprochen, doch das ist genau genommen nur eine Interpretation, die Sprache ist in diesem Fall
nicht eindeutig! Mehr noch: Diese Beispiele zeigen, dass unsere
Sprache im Ursprung männlich dominiert ist und teilweise immer noch ist. Kein Grund, überall ein großes „I" einzufügen oder
statt „man" „frau" zu sagen. Bleibe einfach nur ein bisschen wachsam im Umgang mit gewissen Formulierungen, das Umdenken
diesbezüglich ist ein Prozess, der noch lange nicht abgeschlossen
ist.

„Himmel, Sina, das ist halt so eine Redensart", rechtfertigt sich
Mama.

Grinsend zockle ich zu Yannis ab. Egal, ob „man" oder „frau" das
so macht: Ich, Sina Rosenmüller mit den großen Gefühlen,
gehe jetzt zu meinem Freund, um ein bisschen in der Hollywoodschaukel abzuhängen, ein bisschen zu kuscheln, ein bisschen zu küssen – weil ich das so will und weil ich morgen in DIE
Ferien fahre.

Und weil Yannis DER süßeste Junge aller Zeiten ist. Alles andere wäre gelogen. Aber Juri schicke ich nachher noch eine SMS.

Seufz.

# Andere Männer, andere Sitten

Endlich ist es so weit: Familie Rosenmüller steht mit drei Koffern am Flughafen und wartet geduldig in der Endlos-Schlange vor Alitalia aufs Einchecken, was Ewigkeiten dauert, weil nur ein Schalter geöffnet ist. Zum Glück haben sich Julia und Jolina spontan zu einem Flughafenbummel verabredet, um mir bei der Gelegenheit „Ciao" zu sagen, und so pilgere ich jetzt gemeinsam mit meinen Freundinnen durch die Abflughalle, während sich meine Eltern die Beine in den Bauch stehen.

„Dass du ja pünktlich um 11:30 Uhr an der Sicherheitskontrolle bist", hat mich mein Vater ermahnt. „Nach den neusten Vorschriften dauert das Ewigkeiten und bei dem Andrang heute ..."

„Komm, wir gehen zu McDonald's im Terminal 2, da kann man toll Flieger beobachten", schlage ich meinen Freundinnen vor.

„Heiße ich Yannis oder was?" Julia verzieht das Gesicht. „Ich interessiere mich doch nicht für Flugzeuge!"

Jolina verzieht belustigt das Gesicht. „Kommt Mädels, hier geht's lang, kein Streit und keine Widerrede!" Sie hat sich links und rechts bei uns untergehakt und schiebt Richtung Laden-meile.

Bei dem Wort „Yannis" zucke ich leicht zusammen. Wieso ist mein Freund nicht auf die Idee gekommen, mir heute noch mal hier am Flughafen Tschüss zu sagen?, überlege ich, während ich mich von Jolina in einen Glitzerpalast alias Parfüme-rie ziehen lasse. Yannis hätte garantiert Spaß dabei gehabt, mit mir gemeinsam Flugzeuge zu beobachten, die Schriftfarben auf den Seitenrudern zu entziffern – und noch eine Runde zu küssen. Gestern Abend jedoch schien er über meinen Besuch alles andere als begeistert. Ständig hat er vom Thema abge-lenkt, von seinen dämlichen Computerspielen und dem Trouble mit seiner Festplatte erzählt. Dabei war ich völlig durch den Wind und wollte nur getröstet werden.

„Die Zeit geht schnell vorbei", hat er nur abgewunken, „vier-zehn Mal schlafen und du bist wieder da." Er hat mich dabei noch nicht einmal in den Arm genommen. Und ich kam mir total albern vor (jaja, ich habe mich verhalten wie eine von die-sen Miezen aus diesen rosaroten Büchern), weil ich mir meine Ferien ohne Yannis nicht vorstellen kann und mich am liebs-ten total an ihn geklammert hätte. Vorhin, als ich ins Flug-hafentaxi gestiegen bin, war sein Rollladen noch unten, typisch, oder? Dafür stand Juri, dieser liebe, nette, verrückte, süße Kerl, an unserem Gartentor und hat mir zum Abschied ein winziges Italienisch-Wörterbuch in die Hand gedrückt. „Ciao, amore mio", hat er charmant lächelnd gesagt und mir links-rechts zwei Schmatzer auf die Wangen gedrückt ...

Seufz. Seufz.

„Guck mal, das ist Khôl, damit hat sich schon Kleopatra geschminkt!" Julia hält einen goldenen, kegelförmigen Stift in die Luft und reißt mich aus meinen romantischen Gedanken. Dann starrt sie entsetzt aufs Preisschild: „Boah, ist der teuer."

„Wer schön sein will ...", macht Jolina. „Für einen echten arabischen Look ist der unverzichtbar."

„Weil dich auch jeder für eine echte Ägypterin hält", lästere ich in Anspielung auf Jolinas neusten Haarlook: quietschblond mit pinken Strähnen.

„Vorurteile oder was?", lästert Jolina zurück und lacht. „Nur weil du Schminken doof findest und dich jedem Modetrend verweigerst." Sie ist dabei, die aktuellen Lippenstiftfarben auszuprobieren.

„Yannis steht halt nicht auf so was", rutscht es mir raus. Erst neulich hat er über die aufgebrezelte Jolina voll abgelästert und gemeint, so eine fett geschminkte Tussi fände er total unattraktiv.

„Das glaubst auch nur du!" Julia steht jetzt dicht vor mir, dass ich genau die verrutschte Outline ihres geschminkten Kussmundes sehen kann. „Und wieso hat er dann neulich in der Stadt auf dem Brunnenrand gesessen und ein Mädchen nach dem anderen angemacht, das an ihm vorbeigelaufen ist? Und die trugen allesamt keine Burka!"

> Die Burka dient manchen muslimischen Frauen zur vollständigen Verschleierung des Körpers, andere Muslimas tragen nur einen Schleier bzw. ein Kopftuch. Gerne wird das Tragen des Kopftuchs als ein Symbol für die Unterwerfung der Frau gegenüber dem Mann gesehen.

„Du bist gemein!" Typisch Julia, immer muss sie mir eins auswischen. Mühsam schlucke ich die Tränen runter. Hat sich
Yannis deshalb gestern so doof verhalten? Bevor ich weiter-
grübeln kann, tröstet mich Jolina:
„Jetzt quatsch mal keinen Käse, Julia, lass Sina doch ihren na-
türlichen Style. Das passt zu ihr. Ich dagegen hab halt Spaß daran, mich zu schminken." Sagt es und klopft eine Puderquaste
mit Terrakotta-Puder ab, die eine dunkle Spur an ihrer Wange
hinterlassen hat.

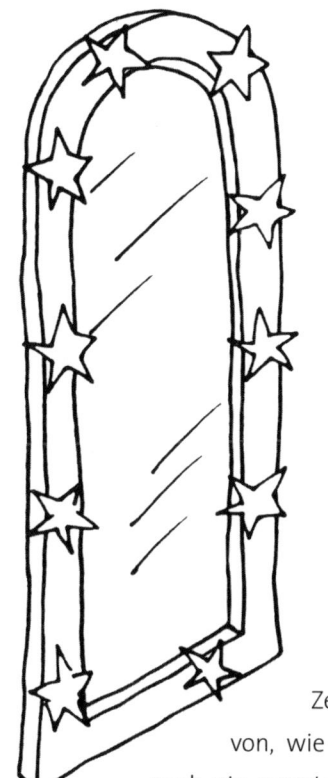

Viele Mädchen erfahren von Geburt an ihren Körper als ungenü-
gend, Emanzipation hin oder her,
bei Mädchen wird viel mehr Wert
auf Äußerlichkeiten gelegt als bei
Jungs. Kleidung, Figur und Frisuren
spielen von Kindesbeinen an eine
große Rolle und werden immer
wieder thematisiert. Oder welcher
kleine Junge hört Worte wie „Du
bist aber hübsch angezogen!" oder
„Du hast aber schicke Schuhe!"
oder „Du siehst aber süß aus!"?
Hinzu kommt das aktuell übersteu-
gerte Schönheitsideal unserer Gesellschaft. Natürlich gab es zu allen
Zeiten bestimmte Vorstellungen davon, wie Frauen auszusehen haben. Doch
noch nie mussten Körper so perfekt und makellos

sein wie heute: Ohne Pickel, ohne Cellulite, ohne Falten, ohne Haare. Dass die Bilder in den Medien computermanipuliert sind und viele Frauenkörper ihre Idealmaße nur dank Schönheitsoperationen erreichen, wird nicht wahrgenommen. Im Gegenteil: Schönheits-OPs sind der aktuelle Trend.

Kein Wunder also, dass viele Mädchen und Frauen versuchen, durch Diäten und Sport ihre vermeintlichen Defizite auszugleichen. Und sich viele unter einer Schminkschicht verstecken, aus Angst, dass ihr wahres Gesicht nicht den an sie gestellten Ansprüchen genügt.

**Warum ziehen sich Mädchen diese Schminkmaske auf? Weil sie damit Jungs gefallen wollen oder weil sie sich selbst gefallen?**

„Also komm, wir brauchen nichts schönreden, Jungs stehen nun mal auf hübsche Mädchen, oder etwa nicht?" Julia macht einen süßen Schmollmund und lacht kokettierend einen Typen ein Regal weiter an, der mit seiner Frau Damendüfte durchschnuppert.

Seufzend drehe ich einen knallroten Lippenstift in meinen Fingern, sieht schon klasse aus ... Aber nur, weil Yannis oder ein anderer Junge das vielleicht toll fände, würde ich mich nie und nimmer damit anmalen! Entschlossen stelle ich den Silberling wieder zurück ins Testerregal.

„Ich muss los", sage ich mit Blick auf die Uhr, „sonst bekomme ich Stress mit meinen Eltern ..." Ich habe zwar noch reichlich Zeit, aber irgendwie habe ich die Lust am Bummeln mit meinen Freundinnen verloren. Ich verabschiede mich von ihnen

so fröhlich wie möglich und mache, dass ich diesen Schmink-
palast hinter mir lasse.

Warum muss das Leben so kompliziert sein?
Seufz. Seufz. Seufz.

Auf dem Weg zur Sicherheitskontrolle muss ich mich immer
wieder durch Rollkoffer und Menschenmassen zwängen,
scheinbar will heute die ganze Welt verreisen. Weil ich ja noch
Zeit habe, setze ich mich auf eine Bank neben dem Brezelstand,
wo wir uns bei jeder Flugreise traditionellerweise mit Laugen-
stangen versorgen.

Um zu verschnaufen.
Um nachzudenken.
Um zu beobachten.

Kinder flitzen durch die Abflughalle, Geschäftsmänner ziehen
ihre Trolleys hinter sich her, Großfamilien schieben Gepäckberge
vor sich her. Dicke, korpulente Frauen, deren schmächtige Männer neben ihnen verschwindend klein erscheinen, sehe ich ebenso wie stolze, stämmige Kerle, deren Frauen in gebührendem Ab-
stand hinter ihnen herlaufen – frag mich, aus welchem Land die
jeweils stammen, zu welcher Religion sie gehören und welchen
Rollenverteilungen die gehorchen müssen, sie sehen alle unterschiedlich aus und sind doch alle Menschen wie du und ich.
„Da bist du ja", reißt mich Irene aus meinen Gedanken. Wie aus
dem Nichts ist sie neben mir aufgetaucht. „Habe gehofft, dich
hier zu finden. Ganz schön was los!"

„Mmmh", sage ich, versunken im Anblick einer afrikanischen Schönheit, deren üppiger Popo sich unter einem farbenfrohen Gewand wölbt. Sebastian würde „Fettarsch!" lästern, wenn er die sehen würde, garantiert. Und Julia sofort die passende Diät samt Pilates-Übungen raussuchen, damit die „Arme" ihre Problemzone in den Griff bekommt.

Aber von Minderwertigkeitskomplexen fehlt hier jede Spur, im Gegenteil, das Mädchen strahlt für mich eine tiefe Zufriedenheit und großes Selbstbewusstsein aus. Ihr Typ läuft schmachtend neben ihr her und sieht nicht so aus, als hätte er viel zu melden.

Wer sagt denn eigentlich, dass Mädchen dünn und knackig sein müssen, um Jungs zu gefallen?

„Andere Länder, andere Sitten", meint Irene lapidar. Neugierig schaut sie sich um. „Jede Frau ist Gestalterin und Opfer ihrer Kultur zugleich – sofern sie es will. Nicht immer liegt es an den Kerlen. Diese dort", sie deutet zu einer Gruppe verhüllter Frauen, „tragen womöglich ihr Kopftuch, weil ihre Männer und ihre Religion ihnen das gebieten. Vielleicht finden sie es aber auch ganz gut, sich unter ihren Tüchern und Schleiern zu verstecken ... das verleiht ihnen Schutz und Privatsphäre. Der da", sie macht eine vage Geste zu einem Punker mit grün gefärbter Bürste auf dem Kopf, „der hat sich von allen Regeln losgesagt, der lässt sich von niemandem etwas sagen. Und der da", Irene zeigt lächelnd zu einem jungen Mann, der sein Baby im Tragetuch vor den Bauch gebunden hat, „ist ein völlig emanzipierter Mann, wie du siehst."

„Wie bei den Seepferdchen, meinst du?" Ich grinse sie an. Unvorstellbar, dass Papa Leon auf diese Weise mit sich rumgeschleppt hätte!

Je nach Kulturkreis werden Jungs mit unterschiedlichen Erziehungszielen erzogen, entsprechend müssen sie in der Gesellschaft ihren „Mann stehen" und den Anforderungen genügen. Aber egal, ob im Orient, in Indien, Amerika, in Russland, China oder hier bei uns: Fast überall gelten Jungs als künftige Haupternährer ihrer Familien.

Damit lastet eine große Verantwortung auf ihren Schultern – eine Verantwortung, der sie sich neuerdings gerne durch Lustlosigkeit und Passivität entziehen. Da viele Mädchen bzw. Frauen immer besser ausgebildet sind und oft genug Geld verdienen, scheint ihr „Lebenszweck" hinfällig. Aber statt wie gewohnt zu kämpfen oder sich neue Lebensziele zu suchen, verfallen sie in eine unerklärliche Verhaltensstarre ...

Eine Weile sitzen wir so da, eine jede in ihre Gedanken versunken. Dann muss ich wirklich los. Irene begleitet mich zum Security Check, wo Leon und meine Eltern schon warten, verabschiedet sich liebevoll von uns und verschwindet dann in der Menge, während ich von einer freundlichen Flughafenangestellten mit einem Piepsdings bis in die kleinste Ritze abgeleuchtet werde, sogar meinen Gürtel und meine Chucks muss ich ausziehen.

Als ich endlich im Flieger sitze und die weißen Wolken unter mir vorbeihuschen sehe, fühle ich eine bedrückende Freiheit:

Ich bin hier, ich bin jetzt und gleichzeitig sind all meine Gefühle und Gedanken unten am Boden. Bei Yannis. Und bei Juri.

Ich atme tief durch, doch das Flattergefühl in meinem Bauch wird nicht besser. Als das Flugzeug für einen Moment absackt, weil wir durch ein Luftloch fliegen, wird mir richtig übel. Um mich abzulenken, krame ich nach meinem Skizzenbuch, ich arbeite immer noch an meinem Entwurf für diesen T-Shirt-Wettbewerb. Ein verschlungenes Herz mit den Initialien S + ?

Wer ist bloß Mister Fragezeichen?

# Bravo, Gigolo

Am Flughafen Catania dann die Katastrophe: Unsere Koffer erscheinen und erscheinen nicht auf dem Gepäckband! Ein Sonnenschirm und ein zerfledderter Rucksack cruisen summend vor sich hin, doch von unserem dreiteiligen Gepäckset fehlt jede Spur! Mama ist den Tränen nahe, Papa stocksauer und Leon macht einen auf Obernerver, weil seine heiß geliebten Legosteine natürlich nicht ins Handgepäck durften.

> Nach mir fragt wieder mal keiner, weil ich ja die obervernünftige Sina bin!

„Die kommen bestimmt mit der nächsten Maschine aus Rom", tröstet uns ein müder Flughafenmitarbeiter, der hinter seinem Lost-&-Found-Schalter jede Menge Papierkram zu bewältigen hat. Offensichtlich sind unsere vermissten Koffer kein Einzelfall. Doch nachdem wir geschlagene zwei Stunden gewartet und voller Erwartung wieder vergeblich am Förderband stehen, bleibt uns nichts anderes übrig, als ebenfalls eine Such-meldung aufzugeben und ins Hotel zu fahren. Die Koffer wür-den dann nachgeliefert.

„Wann?", will mein Vater wissen, doch der Mitarbeiter zuckt nur mit den Schultern: „Spätestens morgen Abend." Woraufhin wir murrend den Transferbus suchen und die erste Nacht in Bella Italia in unseren siffigen Reiseklamotten verbringen. Zum Glück stehen die Koffer am nächsten Morgen in der Ho-tellobby, und nachdem ein jeder von uns erst mal ausgiebig ge-duscht, Zähne geputzt und sich frisch angekleidet hat, fühlt sich Italien endlich nach Urlaub an.

„Und, was machen wir heute?", fragt Papa gut gelaunt, als wir später gemeinsam auf der Terrasse beim Frühstück sitzen.

„Eis essen", meint Leon lapidar, der gerade erst ein fettes Scho-ko-Brioche verputzt hat. Ausnahmsweise ein richtig guter Vor-schlag von dem kleinen Stinker. Er trägt mittlerweile eine leichte Gipsschiene, was nicht nur ihm den Umgang mit allem erleichtert ...

„... und dann an den Strand gehen", ergänze ich. Immerhin habe ich in letzter Sekunde Mama einen brandaktuellen Karo-Bikini abgeschwatzt, in dem will ich mich natürlich sonnen. Möglichst unauffällig schiele ich dabei durch den Frühstücks-saal, doch da sitzt nur ein Best-Ager-Ehepaar, ein fröhlich aus-sehender Vater mit einer semmelblonden Tochter etwa in Leons Alter, ein dunkelhaariges Mädchen, das stillschweigend vor sich hin starrt (hab ich die nicht schon mal irgendwo gese-hen?!) und ein Typ, der aussieht wie Yannis in groß. Sofort gibt es einen tiefen Stich in meiner Bauchgrube, weil ich meinen Freund schmerzhaft vermisse und, was noch schlimmer ist, inzwischen ernsthaft an seinen Gefühlen zu mir zweifle. Oder warum sonst hat er sich mir gegenüber so doof verhalten?

„Ich will aber unbedingt die Kathedrale besichtigen", sagt Mama, „und den Ausflug auf den Ätna buche ich gleich heute noch, sonst kneift ihr wieder!" Letzteres sagt sie lachend in Anspielung auf unseren letzten Familienausflug in den Kletterwald, als Papa und Leon sich unisono geweigert haben, das Klettergeschirr umzuschnallen. Mit der Ausrede, sie wären heute ja nur zum Gucken hier und hätten nichts fest gebucht. Also sind Mama und ich alleine durch den Parcours, während die Herren der Schöpfung mit Bier bzw. Apfelschorle gelangweilt von unten zugeschaut haben.

Von wegen Jungs sind mutig!!!

Gerade, als ich mir noch ein Brioche angeln will, öffnet sich die Tür zum Saal und ein smartes Pärchen schiebt sich selbstbewusst Richtung alleinerziehenden Vater, wo sie mit einem liebevollen „god morgon" begrüßt werden. Der Typ, vielleicht ein, zwei Jahre älter als ich, winkt lässig zu mir herüber, als er bemerkt, dass ich die ganze Zeit neugierig zu ihnen hinüberstarre. Er raunt dem Mädchen – Freundin? Schwester? – irgendwas ins Ohr, zumindest grüßt sie mich flüchtig und wendet sich gleich darauf wieder ihrem Frühstück zu.

Später dann am Strand lerne ich beim Volleyball noch ein paar andere Jugendliche aus dem Hotel kennen, Susan aus England, Kim aus Köln, Chantal und Bert aus der Schweiz. Wie sich herausstellt, sind die beiden von heute Morgen Zwillinge, heißen Linn und Linus und stammen aus Schweden. Aber die zwei gehen so vertraut und liebevoll miteinander um, dass sie glatt als Liebespaar durchgehen könnten. Außerdem überwacht Linn jeden Schritt von Linus mit äußerst skeptischem Blick. Als er mir freundlicherweise zwischen zwei Volleyballsätzen den Rücken mit Sonnenmilch eincremen will, reißt sie ihm empört die Flasche aus der Hand und meint, ich solle halt ein Shirt anziehen, für den ersten Tag hätte ich so oder so genug Sonne.

**Pah, voll die eifersüchtige Kuh!!!**

Muhhhhh!!!

Muhhhhh!!!

Maximo, der Salvataggio vor Ort, ist total nett, aber schon voll alt, mindestens 30. Auf der Suche nach Schatten quetsche ich mich unter seinen Sonnenschirm und lasse mich von ihm ein bisschen beflirten. Überhaupt muss ich feststellen, dass die italienischen Jungs die allerbesten Komplimente machen können. Ob am Strand, am Pool, in der Lobby oder später auf dem Corso, überall hörst du ein „ciao bella" oder ein „bella bionda" hinter dir herrufen. Ich finde, es tut richtig gut, mal so vorbehaltlos bewundert zu werden, und ich ertappe mich dabei, dass ich meinen Mini noch höher ziehe und die Shirts noch knapper wähle, was Mama stirnrunzelnd registriert. Nach ein paar Tagen allerdings geht mir diese permanente Anbaggerei grässlich auf die Nerven, weil diese Casanovas weder Respekt noch Anstand wahren und mich deutsches Mädchen offenbar als Freiwild betrachten. Wie ich heiße, wollen sie wissen, wo ich wohne, meine Telefonnummer … Ich suche in Juris Wörterbuch nach passenden Antworten, doch der Dödel hat nur die Wörter AMORE, BACI , BELLA und SEMPRE dick mit Rot unterstrichen. Also muss ich mir etwas anderes einfallen lassen. Doch wenn ich sage, dass ich einen Freund habe, kommt die Antwort »Muss er ja nicht wissen«. Wenn ich sage, ich sei schwanger, zucken sie nur mit den Schultern, wenn ich sie ignoriere, nerven sie weiter mit Sprüchen oder pfeifen mir trotzdem hinterher.

Vorurteil oder Realität?! Italiener gelten gemeinhin als heißblütige Schürzenjäger, die blonden Mädchen nicht widerstehen können. Umgekehrt legen es auch viele (nicht nur blonde!) Mädchen darauf an, sich im Urlaub einen Ferienflirt zuzulegen.

Linus ist da ganz anders, viel sensibler, der würde nicht im Traum darauf kommen, mir in aller Öffentlichkeit anzügliche Komplimente zu machen.

Logisch, der trägt ja auch eine lässige Boardershorts und nicht so ein knappes Italienerhöschen, das wie ein Murmelsäckchen aussieht ...

Immer öfter sucht Linus jetzt den Kontakt zu mir, am Frühstücksbuffet, beim Volleyball, an der Tischtennisplatte, immer kritisch beäugt von den eifersüchtigen Blicken seiner Zwillingsschwester. Er ist sehr nett und zuvorkommend, sein Deutsch mit dem schwedischen Akzent ist supersüß und er weiß viele interessante Dinge zu erzählen. Als Linn dann einen Tag „unpässlich" im Hotelzimmer verbringen muss, erlebe ich ihn endlich mal unbeklettet und bin sofort begeistert dabei, als er sich mit mir für später am Strand verabreden will.

„Meine Mutter ist noch in Schweden, sie konnte sich nicht freinehmen. Morsan ist Managerin bei einer großen schwedischen

Firma. Also haben wir gleich mit Farsan beschlossen, nach Italien zu fahren. Das dürfen wir sonst nie, weil Morsan das Mittelmeerklima nicht verträgt", erzählt er jetzt, als wir auf meiner pinken Luftmatratze herumlümmeln. Die Wellen schwappern uns leicht hin und her, ab und zu berühren sich unsere Beine beim Strampeln.

Kribbel total!

Seine Beine sind leicht behaart, das finde ich sehr männlich.

Dann erzählt er, dass er nach den Ferien in eine andere Schule soll, weil Linn und er sich im Unterricht ständig gegenseitig ablenken. Ich kann mir schon denken, warum, sage aber nichts. Über die „Liebeszwillinge" lästert ja schon das halbe Hotel, allen voran Susan, die natürlich wie alle Mädchen hier voll auf den attraktiven Linus abfährt.

„Und, hast du Bammel davor?", will ich wissen. Ich schaue ihn prüfend an. Ich mag mir kaum vorstellen, wie das wäre, wenn ich auf eine andere Schule müsste, weg von meinen Freunden, meiner Clique, von Yannis ... von Juri.

„Nö, eigentlich nicht", meint Linus freimütig und taucht einmal kurz unter. „Wir sind schon so oft umgezogen ... wegen Morsan", fügt er erklärend hinzu, als er wieder auftaucht und meinen fragenden Blick sieht. „Sie ist so top, sie wechselt öfters mal die Firma."

„Und dein Vater?" Ich male mir aus, dass mein Vater wegen Mamas Karriere seinerzeit Elternzeit genommen hätte oder gar seinen Job aufgeben würde. Das wäre ein Ding der Unmöglichkeit. Nicht, weil Papa so unemanzipiert wäre, sondern, weil er als Vertriebsleiter in seiner Firma deutlich mehr verdient, als Mama es als Zahnarzthelferin jemals tun kann.

Mit Elternzeit wird der Zeitraum nach der Geburt eines Kindes bezeichnet, in dem Mutter bzw. Vater von ihrer Arbeit freigestellt sind – unbezahlt. Man kann auch weiterarbeiten und die Arbeit reduzieren (Teilzeit bis zu 30 Stunden ist möglich) ohne seine Vollzeitstelle aufzugeben. Es besteht darüber hinaus ein Anspruch auf die Zahlung von 12 Monaten Elterngeld. Diese Frist verlängert sich auf 14 Monate, wenn sich beide Elternteile an der Betreuung des Kindes beteiligen und damit auch der Vater seine Erwerbstätigkeit einschränkt.

Fast überall in Europa ist eine Elternzeit von durchschnittlich einem Jahr vorgesehen, nur in Deutschland, Frankreich und Spanien dauert sie 36 Monate. Dabei wurde zunehmend versucht, Anreize für Väter zu schaffen, sich an der Versorgung ihrer Kinder zu beteiligen. So wurde beispielsweise in den skandinavischen Ländern Dänemark, Schweden, Norwegen und auch in Finnland zusätzlicher Vaterschaftsurlaub eingeführt. In Deutschland besteht kein gesetzlicher Anspruch auf Vaterschaftsurlaub, Mutter und Vater können sich die Elternzeit teilen.

„Farsan ist freischaffender Bilderbuchkünstler, dem ist es egal, wo sein Zeichentisch steht, Hauptsache, seine Leser sind ihm treu", erklärt Linus. „Seit ich denken kann, war er immer für uns da, Elternzeit und so, das ist überhaupt keine Diskussion bei uns." Mit gekonnten Bewegungen schwingt er sich bäuchlings auf die Luma. Unsere Gesichter sind sich jetzt genau gegenüber, die Wassertropfen glitzern in seinen Wimpern.

„Wenn ich mal Kinder kriege, will ich das auch so machen", fährt er unvermittelt fort, als hätten wir soeben nicht die intensivsten Blicke ausgetauscht. Oder gerade deshalb?! „Ich finde es blöd, dass sich immer nur die Frauen um die Kinder kümmern sollen. Ich möchte schließlich nichts im Leben verpassen! Und wie willst du es später mal machen?" Er guckt mich so ernst an, als wolle er mir einen Heiratsantrag machen und meine grundsätzliche Einstellung zum Thema Ehe, Kinder, Küche und Karriere abfragen.

„Äh, ich weiß nicht", antworte ich wahrheitsgemäß. „Darüber habe ich mir noch nicht so richtig Gedanken gemacht." Jetzt bin ich es, die vor Verlegenheit einen Tauchgang einlegt. Als ich prustend wieder auftauche, ist die Luftmatratze leer, also schwinge ich mich hinauf. Suchend blicke ich mich umher, ob ich Linus irgendwo entdecken kann. Doch wie von einem Meeresungeheuer abgefischt, bleibt er verschwunden. Ich will mir gerade Sorgen machen und Maximo informieren, da sehe ich ihn alleine vorne auf einem Felsvorsprung sitzen. Erleichtert paddle ich an den Strand zurück.

Versteh einer die Jungs! Da flirte ich leicht und locker unter der Sonne Italiens und der kommt mir mit Familienplanung!

In der Hoffnung auf Ablenkung spiele ich eine Runde Volleyball mit Susan und den anderen, aus den Augenwinkeln schiele ich immer wieder zu Linus, der steif wie ein Buddha nach wie vor auf dem Fels sitzt. Äh, was habe ich bloß gemacht? Habe ich vorhin etwas Falsches gesagt? Erwartet er von mir, dass ich zu ihm komme?

Mittlerweile hat Maximo eine Runde Wassermelone für uns alle spendiert, die wir, auf seiner Sonnenliege sitzend, genüsslich verputzen. Eifersüchtig bewacht Maximo nämlich seine „ragazzi", was gleich mehrere Vorteile hat: Die Italo-Jungs lassen uns in Ruhe, wir haben immer Platz zum Volleyballspielen und bekommen Kokosnuss, Eis, Fußkettchen – oder eben Melone frei Haus.

„Wusstest du, dass italienische Bauern mit der Melone ficken?"

Lachend spuckt Kim die Kerne aus.

„Wie?" Irritiert gucke ich sie an. „Mit 'ner Melone?!"

„*Wie*, willst du ja wohl nicht wissen, oder?", lacht Susan. „Lass ihnen doch den Spaß ..."

„Die Armen haben ja auch sonst keine Gelegenheit", lästert Kim weiter und ich frage mich, woher sie all ihre Informationen hat. „Meine Mutter hat aktuell einen italienischen Freund, äh, schon länger, nicht erst seit diesem Urlaub", erklärt sie, als sie unsere fragenden Blicke bemerkt. „Und was der so erzählt, mamma mia!" Sie winkt uns ein Stück näher zu sich heran, damit Maximo auch ja nichts von unserer Unterhaltung mitbekommt, ein bisschen Deutsch versteht hier nämlich jeder. Dann erzählt sie, dass 24 % aller italienischen Männer zu Hause bei ihrer Mutter im „Hotel Mamma" wohnen und deshalb echte Beziehungsprobleme hätten, weil sie in ihren eigenen vier Wänden keinen Sex haben dürfen.

**Deshalb sind die hier alle machomäßig drauf!**

„Und deshalb machen die es mit Melonen?" Susan schüttelt den Kopf. „Der etwa auch? Offenbar hat der auch keine feste Freundin." Sie schaut dabei zu Maximo, der gerade dabei ist, sich ein besonders schönes Exemplar aus der Schubkarre des Melonenhändlers auszusuchen. Prustend vor Lachen rempeln wir uns gegenseitig die Ellenbogen in die Seiten.

„Nee, der hat doch ein Auto mit großer Liegefläche", kichert Kim und nimmt sich das letzte Stück Melone.

Das „Hotel Mama" ist nicht nur ein typisch italienisches Phänomen. In Deutschland ziehen Männer im Durchschnitt erst mit 26 Jahren aus, auch mit über 30 lässt sich manch „Nesthocker" noch gerne von Muttern waschen, kochen, putzen, bügeln. Das hält keine Frau aus, schließlich sucht sie einen Partner und keinen Sohn, um den sie sich pausenlos kümmern muss.

Um aber eines Tages eine gleichberechtigte Partnerschaft zu führen, muss der Junge die starke Bindung zu bzw. die Abhängigkeit von seiner Mutter überwinden. Hierzu braucht er unbedingt die Hilfe seines Vaters und/oder der Gesellschaft, die ihn in die „Geheimnisse des Männerseins" einführt. Weil heute niemand so genau weiß, was genau die Rolle der Männer ist (und umgekehrt die Rolle der Frau), gibt es diese Rituale nicht mehr. In unserer Gesellschaft sind viele Männer aktuell selbst mit der Männlichkeitsfindung beschäftigt und können ihren Jungs kein Rollenvorbild sein.

Die nächste Stunde verbringen wir damit, über jeden, aber wirklich jeden Typen grölend abzulästern, der an uns vorüberläuft, egal, wie alt er ist: der käsebleiche Familienvater, der seine glitschig weiß eingecremten Kinder links und rechts an der Hand hält, der tiefbraune Tarzan mit dem Pferdeschwanz, der seine Badehose in die Poritze gerafft hat, der kleine Nackedei mit dem Mini-Schniedel, der außer einem Käppi nichts trägt, der trainierte Sixpack-Träger, der vor Kraft in den dicken Oberschenkeln kaum laufen kann, der Schlaks mit dem ewig langen Oberkörper, der bei unserem Gekicher fast über seine Füße stolpert, der fette Stinker, der seinen behaarten Rücken vorbeischleppt, der sonnengebräunte Supermacho, der mit knappem Slip vorbeimodelt, der lässige Surfertyp, dessen halber Hintern aus der Hose guckt, der alte Opi, dessen weiße Storchenbeine aus einer total verblassten Badehose herausstaksen, der Bierbauch, der über eine Winzbadehose hängt, der Boxershortsträger, bei dem wir alles baumeln sehen ... wir haben Megaspaß, bis Papa plötzlich vor uns steht und meint, wir sollen mal ein bisschen leiser sein, wir wären ja nicht alleine am Strand.

## SPASSVERDERBER!!!

Jungs sind schon etwas Besonderes, denke ich innerlich seufzend, einerseits voll die Müttersöhnchen, andererseits draufgängerische Machos, dann wieder der verantwortungsvolle Mann in spe oder der liebenswerte Chaot. Während Kim und Susan immer noch über die potenzgestörten italienischen Jungs ablästern, die vor uns im Sand gerade den Oberstier geben, bemerke ich Linn, die jetzt Richtung Linus auf den Felsen turnt, offensichtlich geht es ihr besser. Zärtlich legt er ihr zur Begrüßung seinen Arm um, als sie sich neben ihn setzt und sich an ihn kuschelt.

Augenblicklich verfliegt meine gute Laune, ich habe genug gesehen. Wieso flirtet der mit mir und fragt mich nach meinen Zukunftsplänen, wenn er am liebsten sowieso seine Schwester heiraten würde? Missmutig schiebe ich meine grün lackierten Zehen durch den warmen Sand.

### Blöde Jungs, blödes Italien, blödes Spiel!

Ein gellender Schrei reißt mich aus meinen Gedanken, ich peile sofort nach Leon, aber der scheint in Sicherheit. Im Wasser steht eine Frau und ruft laut nach Hilfe, der Typ drei Meter weg von ihr paddelt wie blöd und droht abzusaufen. Wie der Blitz hechtet Maximo ins Wasser und krault, was das Zeug hält, der Salvataggio von nebenan schwimmt ebenfalls los. Binnen Sekunden haben sie den Mann aus der Tiefe gezogen, offensichtlich hatte er nur einen Wadenkrampf. Zumindest erholt er sich unter den neugierigen Blicken des Strandpublikums sichtbar fix – oder ist ihm die schluchzende Anhänglichkeit seiner Freundin derart peinlich, dass er so schnell wie möglich flüchten muss? Zumindest ist er keine zehn Minuten später ohne das kleinste Dankeschön an Maximo verschwunden. Einzig Positives an der Geschichte: Linus hat sich wieder eingekriegt und steht jetzt neben mir, so dicht, dass ich die warme Haut seines Oberarms spüre. Ohne ein weiteres Wort zu sagen, nimmt er mich an der Hand und führt mich ein Stück Richtung Hotelanlage, wo er mich im Schatten eines Oleanders einfach in seine Arme zieht.

**Äh, Moment mal, will der mich jetzt etwa küssen?**

Noch bevor ich überlegen kann, ob ich Yannis jetzt untreu werden soll oder nicht oder ob ich mir stattdessen lieber Juri hierherbeamen sollte, hat Linus mich schon wieder losgelassen. Ohne mich zu küssen. Stattdessen streicht er behutsam eine Haarsträhne aus meinem Gesicht. „Sehen wir uns heute Abend noch zu einem Strandspaziergang?", fragt er leise.

„Wenn deine Schwester nichts dagegen hat", rutscht es mir raus.

Doch Linus grinst nur. „Linn ist tierisch eifersüchtig auf dich, wenn du es genau wissen willst. Aber das ist mir egal ..." Sagt es, wirft mir eine Kusshand zu und ist bereits Richtung Hotellobby verschwunden. Und ich stehe da wie vom Blitz getroffen.

**Ich, Sina Rosenmüller mit den großen Füßen und den grün lackierten Fußnägeln, habe einen Ferienflirt!**

Ferienflirts sind prickelnd und machen gute Laune! Hier ein paar Tipps, damit dir das Lachen nicht vergeht:

· Prickel auf Zeit – nach den Ferien ist das große Gefühl meist vorbei. Nicht traurig sein, sondern die Erinnerung genießen.

· Safety first – manche Jungs wollen mehr, aber nur für eine Nacht. Nein sagen oder Kondome dabeihaben.

· Freund zu Hause? Ein bisschen flirten geht immer, aber du musst Grenzen einhalten. Geh nur so weit, wie du es auch deinem Liebsten gestatten würdest.

Den restlichen Tag verbringe ich damit, mich von meinem schlechten Gewissen abzulenken: Ich spiele freiwillig mit Leon Tischtennis, lasse mich von Susan zu einer Runde Banana-Boot überreden und mache gemeinsam mit meiner Mutter beim Aqua-Fun-Gym mit. Eine völlig beknackte Veranstaltung, bei der man mit einer Poolnudel Sachen macht, die anderorts als pervers bezeichnet würden ...

Am späten Nachmittag dann besteht Mama auf ihre Kathedralenbesichtigung. Papa erfindet tausend Ausreden, aber keine Chance. Murrend mache ich mich zurecht: T-Shirt und zumindest ein Rock, der bis über die Knie geht. Eigentlich wollte ich nach all meinen Aktivitäten am Strand relaxen, damit ich für mein Date nachher ausgeruht bin – und ein bisschen von Linus träumen, der mich mit seinem fröhlichen Lachen und seinen ernsten Gedanken gleichermaßen so gefangen genommen hat, dass ich meinen Jungstrouble zu Hause komplett vergessen habe. Juri, Yannis – das scheint mir kilometerweit weg.

> Schon verrückt, was zwei, drei Jahre Altersunterschied ausmachen. Yannis ist ja nicht gerade unreif, aber gegen Linus wirkt er wie ein Baby.

Die Kathedrale wirkt feierlich und ruhig, drinnen ist es angenehm kühl, durch die Seitenfenster fällt nur wenig Licht, am meisten durch die Rosette über dem Hauptportal. Ich kann diesen Kirchenbesuchen wenig abgewinnen, im Gegensatz zu meinen Eltern, die sich mit gesenkter Stimme gegenseitig auf die Besonderheiten des Doms hinweisen: bescheidene Bestuhlung, aber imposante Bilder über dem Altar: Maria Heimsuchung vom Erzengel Gabriel sowie ein mehrteiliges Bild, das Maria mit ihrem Kind und einem Heiligen zeigt. Leon geht es offenbar nicht anders, gelangweilt bohrt er in der Nase und schmiert seine Popel an die Bänke.

„Wo ist denn eigentlich der Vater vom Jesus?", will er schlau wissen, als sich unsere Eltern immer noch nicht vom Anblick des Triptychons lösen können.

„Na, also Leon, das weißt du doch", meint Mama missbilligend.

„Empfangen vom Heiligen Geist ..."

„Jetzt komm mir nicht wieder mit abwesenden Vätern, Andrea!", sagt Papa halb ernst, halb scherzend. „Leon hat schon recht, wieso taucht Josef in all diesen Darstellungen niemals auf?" Grinsend wuschelt er seinem Sohn durchs Haar. Dank des Salzwassers hat Leon mittlerweile so knackblonde Haare, dass Jolina neidisch werden würde.

„Also, das weißt du doch ...", wiederholt meine Mutter.

Gedankenverloren betrachte ich mir diese Maria vor mir nun etwas genauer. Wie sie liebevoll ihren Sohn hält, wie der Sohn

Im Marienkult der katholischen Kirche geht es um die Verehrung der Frau als Mutter. Die Frau wird auf ihr Mutterdasein reduziert, sie ist Gebärerin und Versorgerin – es geht nicht um die Frau als Mensch mit individuellen Zügen. Mit anderen Worten: Streng katholisch erzogenen Jungen wird dieses Frauenbild als das Gültige mitgegeben.

sie strahlend anlächelt. Schon süß. Schon klar, dass Jungs ihre Mutter vergöttern!

Und dann habe ich eine Eingebung. Vor einem kleinen Altar mit üppiger Goldverzierung zünde ich eine kleine Kerze an. Auch wenn die Madonna vor meiner Nase nicht nach fleischlicher Liebe aussieht, hat sie hoffentlich ein Einsehen mit meinen verzweifelten Gefühlen gegenüber Yannis. Erst Juri, dann Linus – und alles nur, weil mein Freund mir nicht sagen kann, dass er mich lieb hat. Mit der Bitte um Klarheit stecke ich die Kerze in die Halterung, skeptisch beäugt von meiner Mutter, amüsiert beobachtet von meinem Vater.

Fühlt sich eigentlich ganz gut an, seine Sorgen mal jemand anderem zu geben ...

Draußen muss ich erst mal in die grelle Sonne blinzeln – Grund genug, bei einem dieser Straßenhändler nach einer „echten"

Gucci-Sonnenbrille Ausschau zu halten. Auch Mama verfällt in Kaufrausch, was Papa augenrollend kommentiert, dafür schielt er heimlich unter seinem Käppi jedem Tanktop hinterher. Natürlich kommt er nicht umhin, uns allen ein fettes Gelati zu spendieren ...

Nach dem Abendessen dann mache ich mich für mein Date mit Linus zurecht.

„Um 23:00 Uhr bist du wieder hier", ermahnt mich mein Vater. Obwohl er Linus und dessen Familie inzwischen ganz gut kennt, scheint ihm nicht wohl dabei zu sein, dass seine Tochter zur späten Stunde eine Verabredung am Strand hat.

Kribbelig vor Vorfreude warte ich wie verabredet unten bei den Tretbooten auf Linus. Entweder bin ich zu früh oder er zu spät – weil er noch nicht da ist, beginne ich vor Langeweile, Muscheln zu sammeln, als Mitbringsel für meine Freundinnen. Das Wasser ist noch warm und plätschert leise an meine Füße, ich höre nicht, wie sich Linus anschleicht, und bemerke ihn erst, als er mich von hinten lachend umarmt.

„Hey, schön dich zu sehen", sagt er leise. „Sind die für mich?" Charmant lächelnd greift er nach meiner Hand und sucht sich eine besonders weiße Herzmuschel aus.

„Hey", nuschle ich und wage nicht, ihm zu widersprechen. Muscheln sammeln für Kleo kann ich morgen immer noch ... Zaghaft gucke ich ihn von der Seite an, er sieht wirklich unverschämt männlich gut aus: Braun gebrannt, die Haare noch duschnass lässig nach hinten gekämmt, das weiße Hemd bis zum Bauchnabel aufgeknöpft – dagegen komme ich mir in meinem blumigen Neckholderkleid wie ein kleines Mädchen vor.

„Komm, wir gehen ein Stück", schlägt er vor und legt wie selbstverständlich seinen Arm um meine Schulter. Macht er das, um Linn zu provozieren, die hundertpro vom Balkon aus zu uns hinunterstarrt? Oder um meine Eltern zu beunruhigen, die mich mit tausend Ermahnungen haben losziehen lassen? Oder einfach, weil er mich mag?

Die Frage ist: Mag ich es??? – Die Antwort: JAAA!!!

Während wir am Wassersaum entlangspazieren, erzählt Linus im Gegensatz zu heute Morgen nicht viel. Fieberhaft stöbere ich in meinem Hirn nach einem passenden Beitrag, schließlich bin ich ihm noch eine Antwort schuldig. Plötzlich bleibt er stehen.

„Du bist schon etwas Besonderes, weißt du das?", sagt er unvermittelt.

Völlig perplex schaue ich ihn an. Was soll ich jetzt sagen?

Die Frage ist: Stimmt es??? – Die Antwort: JAAA!!!

Weil mir nichts einfällt, grinse ich ihn einfach so süß und liebenswert wie möglich an. Als ich seinen intensiven Blick in meine Augen nicht mehr ertrage, pikse ich ihn einfach in den Bauch. „Fang mich!" Schon bin ich abgedüst. Er braucht eine Weile, bis er kapiert und lachend hinter mir herkommt, ich flitze, was das Zeug hält, schlage Haken, drehe Kurven – bin ich nun Miss Basketball oder nicht? Bis ich mich japsend rücklings in den Sand fallen lasse. Mittlerweile sind wir ein gutes Stück vom Hotelstrand entfernt.

„So habe ich mir einen Spaziergang mit dir aber nicht vorgestellt", grinst Linus und legt sich bäuchlings neben mich.

Filme und Romane wimmeln vor originellen Eroberungsstrategien, zeigen glücklich verliebte Pärchen, romantische Settings ... und jeder denkt: So muss es sein, so will ich das auch: Liebe wie im Film ist aber nur echt, wenn auch deine Gefühle mitkommen. Sonst hast du nach Küssen im Regen einen heftigen Schnupfen ...

Unsere Gesichter sind sich ganz nah, verlegen lasse ich den Sand durch meine Hände rieseln. Keine Ahnung, was ich jetzt machen soll oder was er von mir erwartet, so langsam werden mir seine intensiven Blicke unangenehm, wie heute Morgen schon einmal. Da rückt er einfach noch ein bisschen dichter, dass seine Konturen vor mir verschwimmen. Und dann küsst er mich, ganz zart erst, dann immer fordernder, ich schließe die Augen, es fühlt sich unsäglich prickelnd an, der warme Sand in meinem Rücken, seine Hände, die sich durch meine Haare wühlen ... doch dann sein Mund, der jetzt heftig atmend Richtung Halsbeuge wandert, sein Körper, der plötzlich auf mir liegt und sich an mir reibt.

Die Frage ist: Mag ich es??? –
Die Antwort: NEIN NEIN NEIN!!!

„Linus ... bitte ..." Ich winde mich unter ihm heraus, zum Glück gibt er mich sofort frei. Irritiert schaut er mich an. Ich dachte, du wolltest es, sagt sein Blick.

Ich schüttle nur stumm den Kopf. „Sorry, es geht nicht", ist alles, was ich herausbringe. Ausnahmsweise fehlen mir die Worte, ich kann ihm weder erklären, dass ich einen Freund habe, noch dass ich nicht weiß, ob ich Yannis wirklich liebe, noch dass ich nicht so weit bin, mit einem Jungen mehr zu machen außer Küssen. Und ob ich mal heiraten will und wie ich mir das mit Kindern vorstelle sowieso nicht. Ich schüttle den Sand aus meinen Haaren.

„Schon okay", flüstert er und atmet tief durch.

Schweigend sitzen wir da.

„Gehen wir zurück?", fragt er nach einer Weile, greift nach meiner Hand und zieht mich hoch. „Nicht, dass deine Eltern sich Sorgen machen ..." Er grinst mich an.

In diesem Moment finde ich ihn sehr männlich und sehr großartig.

Aber seine Küsse haben mir nicht geschmeckt. Nicht so wie die von Yannis.

In dieser Nacht liege ich noch lange wach. Am Strand habe ich auf dem Rückweg zufällig einen grauen Stein in Ypsilon-Form gefunden, den ich heimlich unter mein Kopfkissen gelegt habe.

Nachdem sich Linus formvollendet von mir verabschiedet hat, bin ich gleich hoch in unsere Suite, obwohl meine Eltern noch auf der Terrasse beim Vino gesessen haben. Zum Glück haben sie sich all die kritischen Fragen erspart, garantiert haben sie sich ihren Teil gedacht, als wir so früh schon zurück waren.

Linus nicht. Und Juri auch nicht, das weiß ich plötzlich so sternenklar wie der Nachthimmel über Sizilien. Egal, ob Yannis mich liebt oder nicht, ich weiß jetzt, was ich für ihn empfinde, ich weiß, dass ich mit ihm zusammen sein will.

Er ist mein erster Freund.

Morgen sind meine Eltern bei dieser Theateraufführung, übermorgen sitzen wir im Flieger und überübermorgen dann sehe ich endlich, endlich Yannis wieder. Dann werde ich ihn einfach zur Rede stellen und ihm sagen, wie blöd sich das für mich anfühlt, wenn ich nicht weiß, was genau er von mir will. Aber dass ich ihn trotzdem sehr, sehr lieb habe. Mit diesen warmen Gedanken an den besten Freund aller Zeiten schlafe ich glücklich und zufrieden ein, nicht ohne vorher insgeheim Abbitte für meinen kleinen Ferienflirt geleistet zu haben, der für immer mein Geheimnis bleiben wird.

„Hey Sina, aufwachen, du hast Post." Mama steht neben meinem Bett und rüttelt mich wach. Verschlafen gähne ich sie an. „Post? Ich habe mein Handy doch gar nicht dabei ..."
„Richtige Post, du Schlafmaus!" Sie hält mir ein quadratisches Päckchen unter die Nase. „Und rate mal, von wem es ist?"
„Tante Irene? Oma Doris?", rätsele ich. Keine Ahnung, wer so verrückt ist, mir etwas nach Italien zu schicken, wo jeder weiß, dass die Post wochenlang unterwegs sein kann.
„Von Yannis!" Mittlerweile steht mein Vater mit nacktem Oberkörper und Schlafanzughose in der Tür, die Zahnbürste noch in der Hand. Er grinst sich einen ab.

„Yannis?" Plötzlich hellwach setze ich mich auf. Wusste ich doch, dass der verrückt ist.

„Jetzt pack schon aus! Soll ich dir helfen?" Leon ist wie immer beflissen dabei, wenn es darum geht, Geschenke aufzureißen.

„Es ist gestern schon gekommen, aber Mama ..."

„Wie? Gestern? Und du hast es mir nicht gegeben?" Vorwurfsvoll gucke ich meine Mutter an. Das muss sie mir erklären.

Doch sie seufzt nur. „Tut mir leid, ich hab's vergessen ..."

„Vergessen?! Ein Päckchen von Yannis?" Ich glaub's nicht, wie kann sie so eine Sensation bloß vergessen!

Inzwischen habe ich das braune Papier weggepult und halte ein XXL-Schokoladenquadrat Sunny CrispChocolate in den Händen. Meine Lieblingssorte! Die Packung fühlt sich allerdings etwas weich an ... egal. Auf der Rückseite steht was: *Lass die Schoko-Sonne in dein Herz – mich auch! Ich hab dich lieb. Dein Yannis*

Also doch! Strahlend wie der blitzblaue Himmel vorm Fenster hüpfe ich aus dem Bett, wirbele den verdutzten Leon durchs Zimmer, umarme glücklich meine Mutter und drücke Papa einen Schmatzer auf seine unrasierte Wange. Was brauche ich großartige Liebesschwüre wie in Mamas Pilcher-Romanen und romantische Strandspaziergänge à la Hollywood. Ich habe Yannis, den besten Jungen der Welt!

Das Beste an Jungs sind wir Mädchen, denke ich, während ich DER italienischen Sonne draußen verliebt zublinzele. Denn ohne uns würden sie niemals zu solchen Höchstformen auflaufen – und wir auch nicht.

Lies mehr über Sina unter
**www.sinasblog.de**

ILONA EINWOHLT

## Mein Pickel und ich

Als Sina eines Tages ihren ersten Pickel entdeckt, ahnt sie das Schlimmste: P wie Pubertät ist angesagt! Und es kommt bald noch übler. Nach den Pickeln tauchen die ersten Busenknubbel auf und die Periode kündigt sich an! P wie Panik? Keine Spur!

208 Seiten. Ab 11 Jahren. ISBN 978-3-401-06228-0

ILONA EINWOHLT

## Die Schule und ich

Schule nervt!, findet Sina. Franzvokabeln, öde Schullektüre. Wo bleibt da der Spaß?! Als sich dann noch ein Lehrer abgrundtief unfair verhält und in der Schulmensa nur noch probiotisches Essen angeboten wird, hat Sina die Nase voll. Sie ergreift die Initiative und kämpft mutig für Gerechtigkeit und Pommes.

256 Seiten. Ab 11 Jahren. ISBN 978-3-401-06377-5

ILONA EINWOHLT

## Mein Knutschfleck und ich

Die Pubertät geht in ihre heißeste Phase und Sina zermartert sich das Hirn darüber, wer sie ist und wo sie hinwill ... Des Weiteren werden plötzlich die Jungs viel interessanter und es drängt sich ihr eine nicht minder wichtige Frage auf: Flirten und Küssen – wie geht das überhaupt?

216 Seiten. Ab 12 Jahren. ISBN 978-3-401-06229-7

### ILONA EINWOHLT
## Meine Clique und ich

Sina möchte unbedingt dazugehören – zu der
Clique der Edlen. Aber muss sie dafür auch
Designer-Klamotten tragen? Vorglühen, bevor
es auf eine Party geht? Bunte Pillen nehmen?
Und vor allem: Was ist eigentlich mit ihren alten
Freunden?

256 Seiten. Ab 12 Jahren. ISBN 978-3-401-06443-7

### ILONA EINWOHLT
## Mein Schutzengel und ich

Sina hat wie durch ein Wunder den Fahrrad-
unfall überlebt. Nun kreist ein ganzes Bündel
an Fragen durch ihren Kopf. Sina braucht Antworten! Wird sie diese in Julias Sekte finden?
Bei Tante Irene im Meditationsraum? Oder
vielleicht im Konfi-Unterricht bei dem coolen
Pfarrer Moses?

216 Seiten. Ab 12 Jahren. ISBN 978-3-401-06611-0

### ILONA EINWOHLT
## Die Liebe und ich

Sina ist verliebt – bis über beide Ohren! Die Hor-
mone tanzen, alles ist rosarot. Und doch gibt's
schon  wieder was zu grübeln: Ist er der Richtige fürs erste Mal? Was muss ich dazu wissen?
Und: Wie geht das überhaupt? Sinas kribbelige
Liebesgeschichte mit vielen persönlichen Tipps
zu Liebe, Sex, Verhütung und Co.

232 Seiten. Ab 14 Jahren. ISBN 978-3-401-06230-3